SQ選書
19

障害社会科学の視座

障害者と健常者が共に、類としての人間存在へ

堀　利和
HORI Toshikazu

社会評論社

障害社会科学の視座──障害者と健常者が共に、類としての人間存在へ　＊目次＊

はじめに　7

序考　現実社会の弁証法的社会変革　11

第一考　思想詩　27

第二考　コラム　ザ・障害者　51

一　これが私のイデオロギーだ！　52
二　お釈迦様を悲しませるな！　55
三　強者が被害者意識を持つ構造　59
四　改善か変革か　62
五　用語の再定義　65
六　人間は偏見を持つ動物＝想像力と差別は根底でつながっている　67
七　人権とリスク　71
八　津久井やまゆり園事件、そして施設か地域か　74

第三考　共飲　79

第四考　津久井やまゆり園事件と裁判をめぐって　83
一　私たちは津久井やまゆり園事件の「何」を裁くべきか　84
二　津久井やまゆり園事件と私たち（上）　104
三　津久井やまゆり園事件と私たち（下）　111
四　親はなぜ障害をもったわが子を隠そうとするのか　119

第五考　利己的遺伝子から共生の遺伝子へ　127
一　利己的遺伝子、血縁淘汰、共生の遺伝子　128
二「共生の遺伝子」の仮説から説へ　133

第六考　労働力交換論と経済社会学　139
一　オーエンとポランニーの労働の等価交換論　140
二　健常者と市民社会と労働力商品化を止揚して　142
三　労働力商品化を止揚した社会的共同組合のレゾンデートル　158
四　ビルバオ大会の「競争」論をめぐって　175
五　資本主義下の過渡期における社会連帯経済の可能性　193

第七考　日本における障害者雇用政策の一端　199
一　障害者権利条約の批准までと障害者雇用促進法　200
二　日本における障害者就労の「多様」な形態と欧州・韓国の社会的企業　205
第八考　障害者問題と今日的社会情勢　217
一　尊厳死は社会的死である　218
二　舩後、木村両参議院議員の国会における合理的配慮について　222
三　ステイホーム・イン・コロナに思う　230
第九考　新型コロナウイルスと二大階級闘争史観　241
終考　再び障害社会科学の視座へ　249

はじめに

神が障害者を創ったのではない
人間が神と障害者を創ったのである
社会が「人」を障害化する
社会が変われば「障害」も変わる
その社会は！
わたしたちが、あなたが創っているのである

新型コロナウイルスが今年に入ってから徐々に意識され始めて、日本でも三月に入ってからはいよいよそれが深刻なものになった。そして今や、これまで私たちが直接経験したこともない非日常の世界をまともに受けるところまできてしまった。世界的なパンデミックがなお続くなか、日本は一応それでもある程度不安定ながらも活動再開といったところにこぎつけた。といって、今だ未知の不安からは逃れられない状況にある。

『ペスト』がベストセラー的に読まれていると聞く。カミュが、世界を外側から触ることについての不条理感覚を書いていたことを今思い起こす。そしてフレイレが『被抑圧者の教育学』のなかで、「私たち人間が死んでも、この地球は残りますか?」という素朴で鋭い質問を非識字者教室の一人から受けていた。たしかにたとえ私たち人間が死滅しても、地球は残るだろう。ただし仮にも唯物論哲学から考えた場合、地球という世界(概念)ははたして残るといえるのであろうか。それは深刻な問いである。地球も世界も認識できるのは人間だけであるから、ライオンもシマウマも、地球とか世界とかという認識は全く無い。当然である。

では、地球や世界は人間の認識・観念のなかにしかないのか。地球は人間の実在の外に存在しているのではないかということである。実在と認識、世界と観念、要するに客体と主体という関係性の問題にもなる。

世界観は人間の脳機能の産物であるといってよかろう。その世界観は人間である私のなかにもあるといってよく、しかし世界は私の外部に存在する。社会も同様である。その外側に存在する社会のなかに、私の存在が包摂されている。ゆえに、私は自由であって、同時に自由ではない。そのことが、人間は社会的動物、社会的存在であるといえる。社会的に規定され、同時に社会を規定する。

私を三六〇度包囲している社会、その社会に対する世界観も実は三六〇度のそれなのである。

その三六〇度の世界観、それを一人で引き受けることなどもちろんできるはずもないが、しかしながら、それを一人で孤独にただ引き受けることしかできないのも確かである。それが決して目的的にではないにしてもである。

考えることは書くこと。書くことは考えること。書くこともせずに考えたときにはそれは漠然としたものにしかならず、書くことによってこそ具象化される。だから、私にとって考えることは書くことである。それらのなかにはその時々のものも多く含まれているから、それを見えない糸のようなもので紡ぎ、それで今着るための一着の服を仕立て上げようとすることであって、それはいわば私の「思想化」とでもいうような試みである。

その意味でも本書は私にとっての思想的到達点でもあり、再確認でもあり、視座でもある。それがたとえどれほど無秩序に見え雑然としていようとも、私のなかでは一筋の確固たる理念を形成しているのである。幸い専門的でないがゆえに得られる自由からの三六〇度見渡すことが許される一筋の理念、世界観なのである。どのジャンルにも当てはまらない、それでいてそれが如何に不十分なものであろうとも、私には三六〇度を見渡す権利がそこにはあり、それらについて書く権利もあるのである。

主観と客観が織りなす、無秩序に見え雑然とした一筋の理念、残念ながらそれは私にとっての個人的理念・思想に過ぎないが、しかしあえて言えば一筋の理念に一人でも多くの共感者が出てくれることを密かに期待している。というのも、思うに障害福祉や障害学の分野に留まっておれば多少なりとも評価を得られたかもしれないが、「だが」である。よりによって資本主義を批判したり、また禁句の「マルクス」。

　障害者から踏み外してしまった障害者、だから、それだけに私は障害者を引き受けるのである。それは、障害者問題からその原点からすべてを語ろうとする力である。力でもあるのだ。

序考　現実社会の弁証法的社会変革

障害者が類としての人間になろうとするとき、なるとき、健常者は健常者のままではいられない。健常者もまたそのときには類としての人間に変革されなければならない。なぜなら、障害者は「障害」を治療して、またリハビリ・訓練をして「健常者」になって、それで健常者の世界の門をくぐるのではないからである。

そのことをたとえば化学反応で比喩すれば、砂糖と水をまぜてもそれは砂糖水（混合）でしかなく、一方、HとOという二つの気体が化学反応することによって水（化合）となる。その化学反応は、つまり、ヘーゲル哲学の正・反・合の「否定の否定」の弁証法によって、障害者、健常者、そして類としての高次の人間存在となる。

人間的社会とは、差別する側と差別される側とが共に差別から解放される存在になることであって、それが人間的なのである。

高次元への方法論

目の前に展開する現実社会に慄き、慄くのは良いが、それによってその現実社会をただ無批判的に修正・補完するだけでは、本質的かつ現実的な分析には至らず、そのため、現状とはいわないまでも現実をそのまま受け入れ正当化することに、それはなりかねない。そのことにより、少なくとも主体的社会変革論や歴史的革命論とはいささか異なってしまうのではないかという懸念である。それを意味するところは、言論を問うことなく現実矛盾を根本的解決の方向に導くことなく、ただそれを先送り延命させてしまうことに繋がりかねない。ではその現実とは、その本質とは、従ってそれらとどう向きあったらよいかということになる。

それは理論と実践を安易に統一するというのでもなく、またそれを教科書通りに直情径行的に統一するということでもない。そのことは極力注意深く避けるべきであろう。たとえ「理論と実践の統一」と言われようとも、そこは言論と現状分析の間の段階論を踏まえるべきである。そのためにも、ひとまず理論と実践を切り離すことも肝要である。

その上で、しかし実際には実践が理論から逸脱してはいないか、あるいは理論が生きた実践を制約してはいないかを常に検証し、それをさらに構造的に両者を相関関係の下で整合化が図られているか確認する必要もあろう。それにより、はじめて生きた理論と実践の相互の統一が図られることとなり、換言すればそれは必然的に統一の帰結を生み出すことにもなろう。それゆえに当面は現実矛盾の中に身を置くことができよう。それがたとえいかに不統一で無秩序な事象に見えようとも、それで良いのである。

なぜなら、そこには一筋の確固たる理念が貫かれているからである。それを今信じるしかない、確かに信じるしか方法はないのである。それがたとえ雑然と見えようとも――。

それでは、次に「自分」に即して論じ立ててみたい。「自分」存在についての弁証法的三段階論である。

「自分」の弁証法

自分は確かに即自的には現実・現状の中に沈殿している。しかし沈殿させているその現実・現状を変革することによって、即自的な自分は現実・現状から解放され自由になる。

それが、自分についての弁証法的三段階論である。まずその第一段は、即自的にはプライベートの趣味の中に満足する私生活の自分、自分のことだけに関心を持って自分以外の自分を見出すことができない状態に置かれる自分である。そして次の第二段は、自分以外のことにも関心を持った自分、社会のことにもある程度関心を持ち社会性を身に着けた自分であって、社会的アクションも厭わない社会的諸関係の存在でもある。それがたとえば会社であれ、その他の社会組織であれ、いずれにせよそこからはフォーマルな人間関係としての自分を発見し、社会的責任を感じ、行動するのである。この場合、身近な社会運動や住民運動もあてはまる。

第三段階になると、社会と自分は一体化する。社会が自分であり、同時に自分が社会である。自分の世界観は即自的な、あるいは社会を対象化した自分から離床する。それが、「否定の否定」

の弁証法によって高次の自分となり、社会となり、社会は自分の一部となる。

そこから、次のようなテーゼも設定できる。社会が「人」を障害化する、と。この場合の人は必ずしも障害を持つ人に限定される必要はない。すべての人に適用される。なぜなら、障害者としての生きづらさや困難を作り出している、その原因を作っている社会はすべての人をそうしているからであり、障害者差別のみならずすべてのその他の一般的な差別をも構造的に生み出すからである。その意味でも、時代的な社会的根本価値が問われる。

それは社会的存在論そのもののことである。従って、障害化される人が人間になるためには、当然社会を変革することによってしかその存在証明はできない。だからこそ、自己変革は社会変革、社会変革は自己変革なのであり、それによって障害者は類としての人間に成り得る。それだから、私は社会から障害化された自分をあえて引き受け、障害者を生きる。

いまや、目の前にあるコップ一杯の水でさえ、自分にとっては社会的水である。社会なのである。そしてそれは、それ故に、社会的「水」から未来形の理念を創り出す。一筋の理念を創り出すのである。

本書は、詩、コラム、飲酒、事件、遺伝子、労働、政策、死、合理的配慮、そしてコロナというように雑然と羅列した具合ではあるが、しかしそこには一筋の確固たる理念が通底している。だからこそ、その一筋の理念でありながらも、実践はむしろ多様で、現実的で、かつ場当たり的にさえ見えてしまう。だが、私は自負する。権威主義的な理念よりも、生きた現実と実践の中から創り出される理念、そして同時にその理念と世界観と論理とが織りなす知的作業が今度は実践の教師となる。

その意味では少なくとも、本書は私にとっての「自分」である。出版はその実験である。本書は、一見無秩序に見える諸論考、障害者「問題」にこだわり、障害者からはじめて高次の人間存在としての障害者に回帰するというヘーゲル哲学の弁証法、すなわち、正・反・合の「否定の否定」の弁証法によって、障害者、健常者、そして類としての人間存在への一筋の理念を示唆したかった。

本書に掲載した諸論考は未発表のものはもとより、これまで出版した拙著の一部から、あるいは多くの執筆者の方々によって出版された編著の中から、また季刊雑誌（『福祉労働』現代書館）や、ネット月間マガジン（『オルタ通信』）、部落解放同盟埼玉県連新聞などからを、この一冊にまとめあげたものである。このような出版方法がはたして妥当かどうかはわからないが、そうしたのである。

というのも、一筋の理念を表出し、改めて反芻し、私の今日的立ち位置を再確認したかったからに他ならない。

このような書ではあるが、しかしそれが私にとっては貴重な到達点でもある。そのような思いがする。それは六〇年代後半の、つまり十代後半からの私の「闘争」でもある。

ベトナム反戦運動、狭山差別裁判闘争に足を踏み入れ、通常は『共産党宣言』か『空想から科学へ』を読み始めるのだが、私の場合は初めてマルクス・エンゲルスを読んだのは『経済学哲学草稿』であった。ふり返ってみれば、私の思想形成も本書のように無秩序に見え雑然とした中から、かろうじて一筋の理念を獲得したともいえる。

今脳裏に浮かぶのは、ロートレアモン、ランボー、ドストエフスキー、カフカ、夏目漱石、芥川龍之介、三島由紀夫、ゴヤ、ゴッホ、フォイエルバッハ、ニーチェ、ヤスパース、梅本克己、宇野弘蔵、そしてドーキンスである。一人ひとりの文学者、哲学者、経済学者を研究した専門家・学者とは異なり、さながら私の場合はテーブルの上のごちそうを食い散らかしたというところであろうがそれだけに、私の理念はまるで種類の違ったごちそうの味をそれなりに経験したともいえる。

そう言えるのであれば、私のもう一つの利点は、私が障害者であったことである。障害者の視点から現実社会を見、文学、哲学、経済学等の著名人の作品を読むことができたということでもある。これは私でしか、私だからこそできた経験である。他に代えがたい。

それだけではない。私が専門家・学者でなかったことも幸いしている。素人は自由である。身分に拘束されない。

唯物史観の私観

たとえば唯物史観一つとってもそうである。この仮説としての歴史観は、私に、近・現代の資本主義がヘーゲル的に言えば世界の最後の普遍的かつ未来永劫に続くものではないということを教えてくれた。

だがただし、「生産関係が生産力の桎梏となる」ということについてはいささか疑問が残る。資本主義から社会主義への移行が歴史的に必然だとするテーゼである。

西洋において近代資本主義がどのように発生、生成、どのように確立したかの、それは基本にもかかわる。封建制身分社会の生産力の一層の発展が、はたして生産関係がどれだけ桎梏になったかということである。それを歴史的にみれば、たしかに自然環境等のさまざまな要因によって生産関係の限界が見えてきたとも言えるのだが、しかし、だからといって「生産関係の桎梏」をドグマのようにそれを歴史の必然とみてよいのであろうかということである。次に述べるように、ペスト感染症や寒冷化の異常気象が原因とみられるような経済外的要因説を唯物史観からどうみるかでもある。

たとえばペスト感染症によって西洋の三分の一の人口が死んだといわれる時代、作物・食料不足に陥って農民の地位が上がったといわれ、また当時のキリスト教的支配からルネッサンスの人間復興が生まれたということもあわせて考えておかなければならないであろう。

一方、自然環境の変化である。寒冷化の気候がどのように影響を与えたかである。西洋は寒冷化の異常気象に襲われた。もともとグリーンランドではあったが、氷河の島となった。それが原因で、イギリスの土地囲い込み運動が起きた。羊毛をつくるために農地を囲って羊を飼い、追い出された農民たちは都市に流れて羊毛工業の労働者・プロレタリアートになった。そしてさらに羊毛から綿工業に発展し、蒸気機関の発明により産業革命が起きた。

こうした一連の歴史の流れをみる限りにおいては、生産力と生産関係の関係性をどうみたらよいのかということにつきる。つまり、資本主義から社会主義への移行が歴史的に必然であるかどうかにかかわる。そしてさらに一言すれば、科学とイデオロギーの関係性の問題でもある。それは、宇野弘蔵と梅本克己の興味深い論争をも想起させる。

このことに関連してさらに付言すれば、正統派マルクス主義のように「資本主義から社会主義へ」を歴史的必然とみるのではなく、たとえばデヴィッド・ハーヴェイが『資本の謎』のなかで、次のように述べている。

「資本主義はひとりでに崩壊することはない。それは打倒されなければならない。資本蓄積はけっして停止することはない。それは止めなければならない。資本家階級はけっしてその権力を自ら進んで放棄したりはしない。それは奪い取らなければならない。」

つまり、言い換えればそれも一九世紀型のブルジョア独裁からプロレタリアート独裁論へ、また無政府的市場経済から計画経済へというように、それらをただひっくり返しただけの機械的かつ短絡的な社会主義革命論でもない。それは永続的社会変革論である。

特に先進諸国においては「十月革命」なるものは存在せず、しかしだからといって気づかないうちにいつのまにか資本主義が終わっていたというのでもない。そのためには、特に先進国においては政治権力（政権）交代が本格的に起きるには長い年月を要するであろうし、それもまた可逆的道筋をたどるのも否めない。とりわけ、グローバリズムではなくインターナショナリズムともなればなおさらである。永続社会変革論とはそういうものである。しかもそれは同時にサバルタン、マイノリティ、社会的弱者を変革の主体に置くことをも意味する。

「欲望」という感情も社会変革の対象

また、昨今出版されたフレデリック・ロルダン著『私たちの〝感情〟と〝欲望〟は、いかに資本主義に偽造されているか？』（杉村昌昭訳　作品社）も参考になる。角度を変えて論じることができる。スピノザのさまざまな「感情」論を社会科学の視点から分析した書である。

ロルドンは、感情の構造主義として、コナトス（自尊力、自己保存本能）＝欲望＝感情の複合概念を基軸にしたスピノザ主義社会科学の立場をとる。従来の社会科学を批判して、欲望と感情を棚上げにしてきた人文社会科学の立場である。

ここで付言しておけば、第五考の「利己的遺伝子から共生の遺伝子へ」も同様なことがいえる。唯物論哲学や社会科学は、つまりドーキンスの利己的遺伝子説、ハミルトンの血縁淘汰説。そして私の共生の遺伝子説を学として認めようとはしないであろう。利己的遺伝子が出現するかそれとも共生の遺伝子が出現するかは、いたって経済社会の環境によって決定づけられ、だからこそ社会変革の必要性が求められるということである。

スピノザ思想は、エゴと名付けるものはコナトス、つまり人間的様態（あらゆるもの、あらゆる存在者）に本質に他ならないのであるが、しかし、それを破壊することは人間存在をその本質もろとも破壊することにつながりかねず、それは不条理な解決であるとしている。いうなれば、形而上学的にではなくむしろ形而下的に捉えるべきであるとみてとれる。これに対し、翻訳者杉村によれば、仏教思想では欲望が人間存在の根源的苦悩の源とみていることから、欲望そのものを破壊するためにもエゴを悟りのなかで無我の境地に達しようとすることに対して、同じ欲望を巡っても、人間は本質的に欲望する存在であるとみているスピノザ思想ではあるが、仏教とはその解決の方向が明らかに異なる。形而下的なのである。

すなわち、スピノザにとって、人間は本質的に欲望する存在であり、人間から欲望を取り除くことは人間を抹殺することになりかねないとしている。したがって、スピノザにとっての救済は欲望の排除ではなく（利己的遺伝子の排除ではなく）、欲望の新たな方向付けのなかにある。

その一つは正しい対象に向かうということ、もう一つはそれを実行するときに妥当な方向に向かうということである。人間に欲望、つまり欲望するエゴを廃棄するように促すのではなく、人間をよりよく欲望するように導かねばならないということである。それは日常的な幸福を欲望することを意味しない。それを理解すること、理性を働かせることを意味するのであって、理性を働かせて妥当な思想を形成し、あたかも純粋に己の存在のなかだけでそれを解決できるかのような空想の世界から脱却しなければならない。

それはどういうことか。構造のなかに個人は在る。欲望する個人的な力は、構造の働きによって形成され方向づけられる。しかしながら、方向づけられたその欲望する力も単に構造に再生産されるのではなく、構造に対する反抗、変革をも生み出す。制度的秩序をも場合によっては解体する。ある意味、換言すれば欲望する力が歴史をつくるといってよい。これがスピノザ主義社会科学の中心ともいえる。感情の構造主義である。

感情の構造主義からすると、諸個人を動かすことの全般的規定は社会的なものであり、社会的性質をもつ。それはすなわち、構造、制度、社会的諸関係である。だから、個人が個人として行動しようとしても、それは構造によって規定される。

たとえば賃金労働の関係は、資本蓄積のための生産的諸関係の構造が欲望と感情の体制的表現となる。資本主義の構造は、歴史的には最初は賃金労働者に対して貧困に抗うための欲望の対象とされたが、その後大量生産、大量消費の時代に入ると、今度は賃金労働が商品消費の外在的欲望の対象に変質する。そしてさらに新自由主義の時代を迎えると、一方では深刻な貧困と不安定と格差社会を生み出しながらも、賃金労働者の多くはやりがいのある自己実現の労働時間を費やして、時には生活をも犠牲にしながら、その能力主義的自己実現に満足し、「多様な働き方」というスローガンに騙されてしまう。

欲望もその時代ごとに、歴史的異相をみせる。この壮大な歴史の中で、世界史的な観点のなかで、人間という存在をどう捉え、障害者という者をどのように理解しなければならないかということでもある。とりもなおさず、障害者が福祉の対象という狭義の意味での存在概念ではなく、である。

いずれにせよ、本書をもって私の到達点としての「視座」に代えたい。今振り返って思い起こせば、一九七三年以来本格的に取り組んできた障害者問題に対する私の基本認識は、つまり一〇年ほど前から再設定した障害者「問題」に関する社会科学が障害社会科学であり、社会科学としての障害経済社会学である。

〔追記〕　矛盾論について

矛盾には本質的矛盾と副次的矛盾の二つがある。

本質的矛盾の場合はそれ自体否定されなければならないが、一方、副次的矛盾はそうはならない。というのは、本来本質的矛盾に依拠しなければならないのだが、しかし実際のところは現実において否応なく動かしがたいほどの内部矛盾に向き合わなければならないからであり、またそこから逃げるわけにもいかないからである。悩ましい現実矛盾である。

たとえば障害者の入所施設の問題を取り上げることとしよう。まさに本質的矛盾と副次的矛盾がそこに見てとれる。本質的矛盾に依拠した場合は入所施設それ自体が否定されなければならないが、だが、実際にその施設の中で人権侵害が起きたとしたら、それはそれとしてそれにどう向き合うかである。本質的矛盾の立場からすれば「施設解体」か。それとも入所施設とは所詮そのようなものであるとして放っておくかである。しかしながら、現実はそうはあってはならないであろう。やはりその現実にどう向き合うかである。だからといって、そのことにより入所施設の存在を本質的に肯定しているということには決してならない。それもまた現実矛盾であるから。

本質的矛盾と副次的矛盾とはそういう関係の下である。もちろん本質的矛盾の解決になんら齟齬が起きなければ、そうすべきである。

また、もう一つの事例をあげよう。市場原理主義の下で競争を強いる企業に勤めていた会社員が、それが原因でうつ病を発症し、家の中に引きこもるようになってしまった。それによって、それまで一口もアルコールを口にしなかったその会社員がアルコール依存症に陥り、家族崩壊の状態にまで直面した。この場合、専門家はどうするか。

専門家は当然治療やカウンセリングを行う。依存症からの回復のためカウンセリングのスキルを発揮する。当然である。結果、その会社員はめでたく会社に復帰することができた。よいことである。

その成功事例の研修に参加していた私は安堵とともに、なにか割り切れない思いを感じた。この専門家の講師の話に、つまり疑問を感じたのである。

会社員にうつ病を発症させた会社に、元の会社にそのまま復帰させてよいのか。専門家にはそうすることしかできないのはよくわかるが、なにか違和感を抱いた。自慢気に偉そうに話す専門家の話に、耳を傾けざるをえない私。

違和感とはなにか。もちろんこれから書くことに専門家が本質的に解決できるわけもなく、私もできないのだが、しかし問題は、市場原理主義に基づく「競争」になんら疑問も抱かず、批判的精神も持たず、ただ成功事例を自慢げに話すだけでよいのかということである。なにもその専門家に今解決を求めるなどあろうはずもないが、ただ批判精神だけは持っていただきたいと思う。少し厳しい言い方をすれば、自慢げに話すのではなく、そのまま元の会社に復帰させざるをえなかったという負い目、その現実批判の精神でもある。

現実社会の中では、私たちの周りには、このような本質的矛盾と副次的矛盾が複雑に絡み合っている。そのことを、ただ教条主義にでもなく本質を見失うのでもなく、「本質」と「副次」の両者の概念を冷静かつ客観的に理解し、内面化することが肝要であろう。

さて、津久井やまゆり園事件とその後の裁判の成り行きを考えてきた「津久井やまゆり園事件を考え続ける会」の一員である私は、本質的矛盾としては「脱施設・施設解体」であるが、副次的矛盾の対処としては入所施設の現実の在り方、入所者にとっての施設の在り方、人権と日常生活のあたりまえの姿、それを取り戻すことが当面の副次的矛盾の解決に他ならない。ところが、「津久井やまゆり園事件を考え続ける会」の運動に対して、施設か反施設かの二者択一の運動とみて、批判する専門家もいる。残念である。そのような専門家は先に示した専門家と同様である。

いずれにせよ、本質的矛盾と副次的矛盾が複雑に絡み合った方程式を解きながら「本質」に向かう、運動とはそのようなものであって、時間はかかってもボトムアップの運動、それしかない。大切なのは、「本質」を見失わないことであろう。

第一考　思想詩

わが背中こほろぎ笑い酒を呑む　（二十四歳）
古池や盲人落ちる水の音　（年齢不詳）

津波てんでんこ

ＡＬＳの息子を看病していた母親
その姿は　どこにもない
近所のみんなが逃げ込んだ
避難所に
その姿はなかった

大津波の偶然と
母親の当然と
そして
生きている私の必然とを
陽光に輝きはじめる
無責任な
三陸の海は
私に
問い続けるだろう

あなたの母

あの日の瓦礫が片付いても
立派な住宅が建てられても
心の復興はない

四歳の大輝が
津波の中に消えてから
私の前に
心の中に
五歳の大輝がいる

復興は他人
たとえ瓦礫が片付いても
いない大輝は
いない

でも
母が　自殺してしまったら

本当に大輝がいなくなる
だから
老いて私が死んでいっても
いいように
私は　地図に
大槌町の名を消して
大輝町
と書き込む

新聞を破ろう
——私が出会った少年、H君へ

目を細めて
「精薄児」と呼ばれても
少年はきっと
彼らを
「超人」とも「賢者」ともよばないだろう
少年は新聞を破ることが好きな
「精薄児」ではない
少年は新聞を破ることが好きな
「超人」ではない
少年は新聞を破ることが好きな
少年である
新聞は
印刷されて
配達されて
読まれて
破られて

一生を終える
新聞は「超人」も「精薄児」も意識しない

少年よ
きみが好きな
新聞を破ることは
職業ではない
けれども少年よ
それを職業に変えることはできる！
もし彼らが「超人」や「賢者」であるなら

だから少年よ
それまで
彼らが成長するまで
新聞を破いていよう

還暦の今

意味のない人生を　生きる意味とは何か
もう一度　追い続ける決着
時間の中に存在を沈め
やりすごすだけの私を感じる

アリバイとは何か
世界とは何か
沈殿する日常に息をこらす
閉ざされた思考の中で　涙を流す
許されることのない裏切り

絶対と　理解と　自由と
それを手がかりに歩き出すしかない
だが
たどり着いた還暦に明日はあるか
覆いかぶさる誘惑の中で
自殺者という名の

異邦人の声が聞こえる
だからこそ　それも
決着ではなく
すべて
悟れぬままでいいい
悟らないままでいいのだ

生き延びる

生き延びて生きる
なお　生きる
生きる中の生きた快感
喜び

裏切られて生きる中で
物足りない生き方を
生きたい男が
生きたい女に
生きられないまま
手渡したんだ

うぬぼれ

お前の自信溢れる絶望より
おれはもっと生きてきた
おまえの前におまえはない
おれの後ろに
おまえが在る

絶望を夢にする必要はない
おまえにはできないのだから
教科書を真に受けたら
夢を絶望にするだけだ
おまえは
おれの力を信じよう
歴史を変えた経験があるから

誇りを持つな
夢を持つな
おまえはまだ

初心者だから
詐欺の方がもっとましだ
裏切る勇気を持っているから

抱かれた女が
もっと　はるかに
自信を持つように
うぬぼれるおれよりも
うぬぼれるがいい
それは時間がないだけだから

夢を捨てれば
絶望も捨てられる
おれを捨てれば
コンプレックスから解放される

おれの名前は
おれの名前
おまえの名前は

ない
お釈迦様と
キリストと
マホメットと
そして
乞食と
かたわと
おれと
うぬぼれる権利が
そこに在る

生の矛盾

がんの宣告を受け
死を恐れ
自殺する

死のうと思って
長生きする
生きようと思ったら
死んだ

死ぬことをかんがえていれば
長生きできる
矛盾があるから
死なずにすむ

時計

私の時計は壊れていない
秒針が動いて
一秒ごとに
確実に動いている

動いている秒針の下の
長針も
短針も
動かない

秒針が
一秒　一秒
確実に刻んでいるのに
一周　二周　三周
刻んでいるのに
長針も
短針も

まったく動かない

私の時計は壊れていない
時計は
壊れていない

逆説論

健常者の人生は
薄利多売
障害者の命は
付加価値が高い

差別される奴がいるから
差別のしがいがある

人が幸せになったらつまらない
もっと
おれのしあわせは悲しい

未来からの抑圧に
過去の言い訳で
ごまかして逃げる

おれは人間だ

ブタはブタだ
でも
赤い血が
一人と
一頭に
流れている

愛する人を愛せよ

犠牲的に乗り越えなくてもいい
一つ　二つ
差別を数えながら
乗り越えるまでもない

差別をしてもいい
素直に差別すればいい
差別は人間的だから

考えてもいない
意識もしていない
思いつかないほど
差別を理屈で消すこともなく
姿をそのまま
裸のままのお前を
そっと　後ろに回って
背中を触る

ふるさと　正義　夢のコンチェルト

おれはふるさとを捨てた
その前に
ふるさとに捨てられていた
夜汽車
赤いネオンの大都会を見るまで
おれはふるさとを捨てていた
ふるさとは創るものだ
おれのふるさとは
ひとりでは創れない

正義は人がついてくる
しかし
正義は人をも殺す
正義は
何も正義を語らない
不正義の方がましだ
誰にもそれがわかるから

正義よ
自身でそれを証明せよ

夢を捨てた
その前に
捨てる夢はなかった
夢を
おまえ達が食べてしまったから
おれの夢は
お前たちと縁を切ることだ
おれは
銀河を創る
銀河の向こうに
もう一つの銀河を創る

等価交換

おまえもおれの一部
等価交換しようではないか
お互いの人生を

おまえが生きたら
おれも生きる
おれが死んだら
おまえを殺す

平等だな

カフカ

ベッドの上の虫けらが
気にもされず
家族がピクニックに行く

失った祖国
二千年からの争い
不条理が争いのシオニズム

アイデンティティとは何か
歴史とは何か
夜の幻想とは何か
カフカには答えがなかった

カフカを知った私は
知ってしまった私は
カフカの不条理と
どう闘うのか

その前に
カフカは結核で死んで
私が答えを出す前に

答えは
宇宙の外に
祖国のないままに

空中遊泳

利害のない人間関係
を　求めて
利害のない人間関係
に　させられて
袖触れ合うも
無縁の縁

私を訪ねて
無表情のまま
殺せるか
無表情のまま
愛せるか

しがらみのない
しがらみを失った私に
挨拶する
ひとつ　ふたつと数えてごらん

背中が見えたら
歩き出すがいい
もう一度
しがらみの中に

旅の終わり

ひとは
他人のことばを借りて
自分を語る
歴史の中に
自分を探す
そして
安心する

宇宙と
ＤＮＡを
全身で抱きしめる
もう　宗教はいらない
一つになったから

ゴッホ

ひまわりがあっても
ひとは
通り過ぎて
小道を歩く

時は天才を見落とす

評論家は言った
でも
ゴッホとは一緒に暮らせないと

テオが売った
一つの作品
ゴッホは
自分が売れたとは思わないだろう

歴史にない二つめの作品

売れない作品が
絵画のわからない女の子に
行きつけのティールームの女の子に
買ってもらったとしたら
ゴッホは
初恋をしただろう

狂気のまま
冷静に
絵を描き続けて
ゴッホは
未来を買った

過去

「あなたの過去など知りたくないの」
おまえに知らせる過去など
ないんや
知らせるおまえが
健常者のおまえが
いないんや

「あなたにあげた夜を返して」
おまえに返す夜が
ないんや
返すおまえが
健常者のおまえが
いないんや
もともといないんや

過去も夜もない
おれ　重度の　男

過去も夜もない　おれ
集団見合いに行ったんや
「友だちなら　アドレス教えるわ」
なんでこうなる　なんでやろ
そうやろなぁ
たのしまんか
深刻を深刻に話しおって
おもろいなぁ

応援するでぇ
あしたの失恋も
応援団長は
重度のわしや

障害を楽しむ

全盲の
マッサージ師が
顔を近づけ
ベッドの患者に
具合は　どう?
返事が　ない
足に
話しかけていた

喫茶店で
チャーハンを食べた
切り刻まれた
伝票
おいしく食べて
おい　伝票は?
おまえが　もう食べた
レジで

すいません
伝票を食べてしまったんですが
おいくらですか

この永田町には
おまわりの看板が立っている
ほら　杖で叩いてみるよ
それ　本物よ
何も言わない

ざまをみろ
めあきにはわからない
めくらの落語
ただで笑える
めくらの落語

〔解説〕
網膜色素変性症により視力を失いつつある男性が、障害を受容できず白杖をつかないでいる。電車の中で、椅子に座ったら、若い女の子の膝の上に座った。
また、音声信号のボタン付の電信柱に触ろうと、手を伸ばしたら、女の人を触ってしまった。誰もその瞬間は顔が赤くなる。大衆の面前で恥をかくからだ。
だがそれを、飲んだ席で聞くのは実に楽しい。お腹を抱えて大笑いする。めくらしかわからない、めくらだからわかるめくらの落語。この面白さをわかって、笑って、初めて差別を乗り越える強さがでてくる。これがわからないようでは、まだめくらではない。めくらはめくらになりきる。障害者とは障がい者になることである。それを、実存主義が教えてくれる。

泉谷しげる

愛媛の冤罪　免田事件だったか
ジンギスカンの生涯だったか
映画は定かではない

泉谷しげるが演じる男
正義の悪いような男
あのキャラクターで演じる

遠い記憶の中で
あの風景だけが

びっこで
泉谷しげるがふてくされる
びっこの男

まともな歩きぶりなら
足首を捻挫してただけなら

あの風景は
映画は
私の記憶に留めない

びっこの男
障がいって
こんなにかっこいいのかよ
障がいって
こんなにかっこよかったっけ

亀とアキレス

全く目の見えない者が
自力で
活字を読み書きする
音声ソフトのおかげだ

人類の月面着陸と同じ
人類史に残る
革命的できごと

キーの入力を
音声に変換する
葉書きの「葉」
合衆国の「衆」と
二〇〇九年一〇月
民主党と入力
自民党の「党」
五十五年体制のまま

パソコンは盲人を解放した
だが
亀に乗った盲人は
健常者アキレスに追いつけない

昼寝するうさぎなら
亀も追い越せるだろう
だが
アキレスは昼寝しない
ツイッターも
電車の中で　電子書籍も

弱者論

弱者の「わがまま」を戒められるのは
私だけ
強者の横暴を阻止できるのは
私たちだけだ

弱者は
強者になってはいけない

弱者は
弱者のまま
強者になる

弱者の強者への独裁は
強者になった　弱者への独裁
だから
弱者は
弱者のまま
強者になるのだ

法的措置

子どもたちの反乱
九百数十兆円の借金
親の借金を
法的措置に訴える
最高裁の判断は

相続を放棄する
親からの相続を放棄する
相続税法に則って
子どもたちは
相続権を放棄する
日本を
相続しないと

存在の生きざま

存在が転がっている
道路の真ん中に
存在が転がっている
呻きながら
泣きながら
笑いながら
無表情に

存在が転がっている
道路の真ん中に
存在が転がっている
それは丸いか
四角か
三角か
それともひし形か
存在自身にもわからない

丸いといえば丸いし
四角といえば
たしかに三角にもみえる
だが
ひし形にはならない
存在のみが
無意識の中で知っている
きょうの生きざまを

存在が転がっている
昨日に揺さぶられながら
存在は立ち上がる
それでも明日に向かって
存在は
百年後になって生まれ代わるから

だから
夢遊病者のように
今は転がっているだけ

できるのは
寝返りをうつこと

世界観に向かって

異常は正常である
正常は異常である
正常が
異常であるかどうかを
決めるのは支配関係
それも数の論理から

数の力とは
数ではない
合理化された
合理化されない
価値観の支配力

結論は
異常も正常もない
価値観の支配力
だが

異常も正常も
世界を創ることはできない
結果的に
だが
もう一つの主役が登場する
時代
異常は
時代の前と後に存在する

異常と正常を超えた
いずれにせよ
それは進歩ではない
なぜなら
世界史は
たとえ進歩であっても意図されずに
必然と偶然の間の
必然ではない必然の
自由からの
あるべき世界観に向かって

ひたすら
異常と正常とが
あたかも突然変異のごとく
世界観に向かって
世界を変える

第二考　コラム　ザ・障害者

一　これが私のイデオロギーだ！

障害者基本法第一条（目的）には、「全ての国民が、障害の有無に関わらず、等しく基本的人権を享有するかけがえのない個人として尊重されるものであるとの理念に則り、全ての国民が障害の有無によって分け隔てられることなく、相互に人格と個性を尊重しあいながら共生する社会を実現する……」とある。理念法としてのこの崇高な理念も、残念ながら現実を映し出す実定法ではそれが十分生かされていない。理念の現実化には程遠い。むしろ、こうした理念が現実としての実態の矛盾を隠蔽する役割を担ってしまっているとさえいえる。分離と隔離、格差と分断、能力主義と競争主義、そして自己責任の受忍論、こうして、結果としてはせっかくの崇高な理念もこれらの不条理な実態を日々再生産することにつながってはいないないだろうか。

では、これらを打破するためには一体何をなすべきなのか？　それはイデオロギーの復権である。日々日常の変革を求める主体的なイデオロギーである。

イデオロギーとは、本来、いまだ実現していない未来社会の最高観念のことであって、たとえば、それは身分制封建社会の王政に対するフランス革命の思想、すなわちそれがイデオロギーである。市民革命のイデオロギーなのである。

自由、平等、友愛、それは近代資本主義以前までの封建制身分社会に対するイデオロギーであった。根本から根底を変える実践を伴う社会変革の思想、すなわちそれがイデオロギーである。

しかし、だからこそ、近代資本主義以降の現代資本主義にあっては、今日までの資本主義イデオロギーはもはや資本主義経済社会の発展と完成をもって、その役割を終える。その時、イデオロギーはイデオロギーとしての使命を終えて、私たち万人の常識となる。だから、現代社会を何の疑いもなく当たり前に生きている大衆にとっては、資本主義イデオロギーをもって生きているとは感じられない、感じる必要性はないのである。自然体である。それはイデオロギーがすでに内面化、常識化、つまり日常の観念になっているからに他ならない。

要するにそこで言えることは、疎外とは、自己疎外とは疎外されていることの意識を持てない状態に置かれていることである。それに引き換えもし仮に資本主義を否定するならば、それは資本主義を超えたオルタナティブなイデオロギーをもった人間として不条理な現実社会を生きていかなければならず、息苦しく、また自然体ではいられない。しかし、それを許すほど現実は甘くない。

第一条の理念もそうだ。「等しく基本的人権を享有するかけがえのない個人として尊重されるものであるとの理念に則り、障害の有無によって分け隔てられることなく、相互に個性を尊重しあいながら共生する」という理念を真に受けて理念通りに受け入れたなら、それはとても息苦しい現実が待っているということになる。

一方、経済さえ発展すれば、経済成長さえ達成すれば、私たちは、人類はしあわせになれると信じ込まされてきた。だからひたすら経済成長のみを追い求め、それになんら疑問をはさまなかった。今でもそうかもしれない。経済発展の果実は、富はいずれ全ての人に平等にいきわたると信じてきた。トリクルダウンである。

ところが、今やその現実は私たちを見事に裏切ることとなった。いくら頑張っても経済成長の果実、富は下に落ちてこない。世界的規模でも、国内的関係でも、それは落ちてこない。それどころか格差がますます広がり、分断と排外主義がはびこるばかりとなっている。そんな状況下、国連でもそれまでの「経済開発」のあり方を見直し、その「開発」の意味を問うようになった。

国連では二〇一五年に、「持続可能な開発のための二〇三〇アジェンダ」を採択し、そのSDGsの中心的文言に「誰も置き去りにしない社会の実現をめざして」とある。二〇三〇年に向けて、国際社会は一七の目標と一六九のターゲットを定めた。従来のこれまでの「開発」を見直し、「誰も置き去りにしない社会」としたのである。

　私たちがめざすべきものは新自由主義的なグローバリズムではなく、連帯と共生のインターナショナリズムの世界、そのような経済社会である。そして、「障害の有無によって分け隔てられることとなく、相互に人格と個性を尊重しあいながら」の共生主義（Convivialism）、すなわち共生社会・主義。それは市民社会に代わって「共民社会」、市民に代わって「共民」。これが私のイデオロギーだ。

二　お釈迦様を悲しませるな！

　障害者の存在は歴史的にみても疎外と隔離、抹殺の歴史であったといっても過言ではないが、しかしその一方では例外的にかつ一時的に「神」的存在として畏怖の念をもって崇められた歴史もあった。また、アフリカの部族で男たちが遠く狩りにでかけた際、大切な火を守っていたのが体の不自由な者であったともいわれている。

　近代資本主義社会以降はその差別構造が一方的かつ一面的となる中、現代的意味での社会福祉とその政策、たとえばイギリスの救貧法が制定されるなどした。『人口論』の著者で有名なマルサスは、優生思想の下に自国の救貧法に反対したのだが…。そして時代を経て、ドイツではワイマール憲法において初めて「生存権保障」が規定される。その後はさらにイギリスにおいて「ゆりかごから墓場まで」のビバリッジ報告が出されて、北欧を中心に西洋では高福祉国家への道を歩むこととなった。

障害者問題にひきつけていえば、近代日本では大正時代に初めて工場法に「障害者」という概念が規定された。しかし戦後福祉国家をめざした日本では、公的扶助や国民年金、医療保険制度等は一応整理されてきているのだが、本格的に福祉国家を目指そうとした七〇年代から八〇年代にかけての経済成長にも陰りが見え、財政危機に陥ったことにより高福祉国家への道は断念せざるを得なくなった。そのことは、国連関係の幸福度ランキング直近の調査でも、日本はなんと五八番目になっているという。それもまたその証左であろう。

障害者にも確かに年金、医療、福祉サービス、雇用政策などはある程度用意されて、一定の政策水準にまで達していることも事実だが、障害者世帯の所得水準を見ると一般的に低く、ある意味「劣等処遇」の状態に置かれているとも言える。このことは現代的な格差社会、あるいは労働者が置かれている今日的雇用環境、生活環境、とどのつまり社会的環境に目を転じてみれば、よくわかる。まさに現代は格差社会そのものである。

古典的階級史観では資本家と労働者階級（地主もあるが）の二大階級の闘争と位置付けられてきた。しかし、資本主義の発展的変質とグローバル経済の下では、現代はそう単純ではない。労働者階級の中にすでに三つの階層分化が始まっており、一つは高度プロフェッショナル制度や裁量労働制を対象にした労働者、二つめは従来型の正社員・サラリーマン、そして三つめは今や労働者の四割を占める非正規労働者である。二代階級を本質としながらも、もはや労働者階級は三階層に分裂分断、格差社会の渦の中に投げ込まれているといってよい。「労働者よ、団結せよ」と言っても、今や労働者も自立した市民として消費者でもある。

非正規労働者が四割であるのに対して、障害者の実雇用率は上がっているものの、そのうち非正規障害労働者はなんと六割以上をはるかに超えている実態がある。また、障害の属性という行政上の「障害」とは異なって、ひきこもり（ある意味精神疾患状態）のうち三九才までが五四万人、四〇才から六四才までが六一万人、合わせて引きこもり全体が一一五万人となる。いわば彼らを「社会的環境の障害者」ということもできる。ちなみに視覚障害者は三一万人、聴覚障害者は三三万人である。

今日的格差社会はすなわち労働者階級の三階層文化の結果であるとともに、その証左でもある。社会的に排除された人々を大量に生み出すこととなった。

だが、なぜそれに反抗しないのか？　それは「自己責任」論、それがあまりにも社会の、つまり私たちの日常の意識にまで深く浸み込んでしまっているからであろう。今ではさすがに障害者の「障害」を自己責任とは言わないまでも、しかしこの自己責任論や能力主義が無前提に障害者に対して向けられているのも確かである。そうであるがゆえに、多くの人々がそれに苦しんでいるのも現状であろう。その自己責任論や能力主義に苦しんでいる人々、格差と排除に喘いでいる人々に、私たち障害者も深く共感共鳴連帯し、格差社会を撃て！

なぜなら、本来の広義の意味での「社会モデル」とは、障害という属性に基づいた社会環境との間の障害の発生に限定した狭義の意味の「社会モデル」ではなく、現実社会によって排除されたあらゆる階層の人たちの社会化という概念でなければならず、したがってそれは総体として社会変革を意味するのものである。それはすべての人の連帯と共生に関わる。そのことは例えば、ニューヨークの有名な市民活動家が、地球レベルで考え、地域レベルで運動すると言ったような、広義の意味の総体と狭義の意味の個別という関係性にも通底する。

当事者主義に陥りがちな私たち障害者も、芥川龍之介の『蜘蛛の糸』のカンダタに陥らないよう、そしてお釈迦様が蓮のほとりで悲しまないように……すべきであろう。

三　強者が被害者意識を持つ構造

二〇一六年七月二六日に起きた津久井やまゆり園事件から、強者と被害者の関係を先ずひも解いてみたい。それは植松被告の内在的深層心理からみえてくる。

彼の思考法の特徴は二分法である。強者か弱者か、人に役立つか迷惑をかけるか、白か黒かであって、その中間も多様性もない。この思考の二分法が彼に事件を起こさせたといってもよい。そしてそれが決定的なのは、彼自身、自らが深いコンプレックスの闇の中に存するという、否定しがたい自覚に悩まされていたといえる。

植松被告は学生時代から美容整形を受け、刺青をし、一方、教員採用試験に失敗している。彼は自分がイケメンでないことを認め美容整形を受け、また、刺青によって反社会勢力の「強さ」に身を置こうとし、そうなろうとして醜く弱い自らの存在を「イケメン」「強者」に置き換えようとした。

津久井やまゆり園の職員になってからは、周囲から好青年、まじめな職員とみられていた。ところが、刺青問題が起きてしまった。彼にとってはまさしく事件であった。

刺青をしていることが発覚し、理事長や職員は辞めさせるかどうかの検討をする。だが刺青を理由に解雇することもできず、またまじめだからということでそのまま働いてもらうこととなった。それが彼にとっては実は屈辱感のなにものでもなかろう。「弱者」にさせられた、やまゆり園の障害者と同じ存在に貶められた、そう感じたと彼は語っている。ここまでは彼個人の問題意識である。弱者を否定することによって、自らが強者になろうとし、自己否定から自己肯定への道筋の中で論理の飛躍が始まる。

衆議院議長にあてた「手紙」の中で、第一段は「車椅子に一生縛られている気の毒な利用者も多く存在し」、第二段は「障害者は不幸を作ることしかできません」、そして第三段になると「世界経済の活性化、いまこそ革命を行い、全人類のために」ということになって、殺傷行為を正当化、一般化、普遍化する。行為はすべて歪んだ正義感と使命感に置き換えられる。「全人類が心の隅に隠した想いを声に出し、実行する決意を持って行動」することとなる。

こうした優生思想は必ずしも一方的、かつ一面的とは限らない。強者に対して不幸しか作らない、迷惑な存在、つまり弱者・劣った者が強者にとって被害をもたらす迷惑な存在へと転化する。事件当時植松被告を賛美したネット炎上も、その証左の一つであるといえる。このような社会現象が今、世界の動きの中に見受けられる。

ヨーロッパではすでにネオ・ナチの政治勢力の台頭がみられる。たとえばドイツでは以前トルコ人の移民、そのトルコの移民はドイツ人が働きたくない３Ｋ（きつい、汚い、危険）の仕事に就く。ところが不況で失業者が増えると、トルコ移民がドイツ人の仕事を奪っているということになる。ドイツ人の中に被害者意識が芽生える。

決定的なのがトランプ大統領である。黒人やヒスパニック系移民、イスラム系移民を、白人の迷惑な存在、敵、加害者、排斥の対象に置き換える。それまでの加害者が被害者に、被害者が加害者にすり替えられる。在特会の動きもそうである。こうした政治状況、排外主義とナショナリズムが各国にみられる。安倍政権もそれとさほど変わらない。

私たち本物の共生派に問われるのは、弱者が強者に、被害者が加害者になることではなく、そうではなく、まさしくその関係性そのものを、その構造そのものを解消し、超克していくことではなかろうか。

アメリカはいずれ白人より黒人やヒスパニック系の方が多数を占めるであろう。白人はそれを恐れる。トランプはそれを恐れている。では、なぜ彼らは恐れるのであろうか。それは、単純に数の論理からいって、白人がそれまで黒人に対してしてきたように、黒人が今度は自分たち白人にそうするであろうと恐れているからに他ならない。だから、未来を見つめた時、多様性が世界を救うのか、それとも排他性が世界を救うのか。それが今問われている。

四　改善か変革か

イスラム教世界が永年にわたって原理主義か世俗主義かで抗争を繰り返してきたが、もちろんその外部要因にはヨーロッパのキリスト教文化とその後の近代化の影響が避けられなかったことは確かであるが、いずれにしろ、私にとっては原理論と現状分析の立体的な統一、つまり原理主義か現状主義かのいずれかの二項対立に陥らないためにも「変革」の道を歩み続けることが肝要であると考える。なぜなら、後進国のロシア革命と違って先進国日本には「日本十月革命」といったものもないだろうし、また一方いくら改善を繰り返してもオルタナティブな高次の日本社会は望むべくもないであろうからである。したがって、それは永続的変革ということに他ならない。

ところで幾分話は変わるが、世界史に今だ大きな影響を与えている四人の人物についていえば、釈迦、キリスト、マホメッド、そしてマルクスといったところであろう。マルクスもレーニン主義の下で善かれ悪しかれ地球滅亡の世界戦争まで結果的に影響を及ぼし、また一時は世界人口の三分の一が社会主義圏に属し、今なおその思想は水脈のように生き続けている。この四人の人物は歴史的制約はあるものの、おおむねそれは社会の中の異端者、例外者、浮遊者、あるいは故郷を失った高貴な身分から離れた人物であったということが言えよう。

一八、一九世紀は大学制度が今日のように完成度を高めてはいないが、決してアカデミックとはいえないが、それにしてもヘーゲル、アダム・スミス、キュルケゴール、マックス・ウェーバー、ケインズ、ハイデッカーなど全て大学人であった。これに対し、ロバート・オーエン、プルードン、フーリエ、ニーチェ、バクーニン、ランボー、ロートレアモン、エンゲルス、そしてマルクス、皆在野の知識人である。

では、現代はどうか。大学制度やアカデミックが開花した現代は、在野の知識人はほとんど価値をなさない。大学制度と学会の下に大学人は包摂され、学会を離れては学者として、知識人として生きていくことは皆無に等しく、困難を強いられる。大学制度の下に身分制度が確立された。

このアカデミックな大学制度は、牙を抜かれた大学制度は、それが学生にまで浸透しているのだが、広義の意味での「体制」の枠組みの中に包摂される。それはまた日本においては特に国・官僚制度との関係、審議会の審議員になることが学者としてのステイタスにもなり、しかもその傾向は人文科学系に強くみられ、また、「なぜ」ではなく「いかに」の対処療法としての現実政策に貢献できるか否か、それゆえ体制にとってなんら役にたたない、例えばマルクス経済学は今や大学の講座から影を消し、学者として食えない、身分が保証されない学科「講座」は人気もなく消えていく運命にあるだろう。またたとえ「学」の中に身をおいていても根源的な批判の立場をとれば、学者としてのその存在は異端者とならざるをえない。加えて大学制度は、アカデミックな学会はヒエラルキーの体制にあり、俗っぽく言えば永田町の政治家同様学者もまた「俺が、俺が」の世界、これは「オレオレ詐欺」のことではない。もちろん私の知る学者研究者はそうではなく異端的良識派であることを書き添えておきたい。

私たちに身近な福祉学の世界では、もはや国家資格をとるための学生、専門学校生の製造工場に変質している。職業福祉家の養成課程と化している。もっとも、福祉分野に進む学生は福祉学科の二〜三割程度にすぎず、これまたそれは何を物語っているのであろうか。福祉学は御用学だろうか、と自問する。

いずれにせよ、孤立を恐れて連帯を求め、孤立を恐れても異端に甘んじ、改善より、それでもなお変革を求めていきたいと強く思うのである。

五　用語の再定義

社会モデル――　社会モデルに先立つ医学モデルは、医療的治療の限界を受けてもはや治癒できない固定した状態を「障害」と定義した。リハビリテーション、訓練によって障害の軽減、または残存機能を最大まで高めることが求められた。

これに対して、社会モデルは、障害という属性をもつ人と社会環境との間に「障害」が存するとし、したがってバリアフリーがその中心課題となる社会システムの変更、合理的配慮の提供が求められる。さらにこれに対する私のもう一つのオルタナティブな、本来あるべき「社会モデル」を再定義すれば、障害という属性には限定しない。障害者のみならず社会的に排除された人すべて、ひきこもり・ニート、依存症者、刑余者、片親世帯、ホームレスの人、困窮者など、また被差別部落、アイヌ、沖縄、在日など歴史的に差別される人、その排除の一切の原因が社会にあるとみる社会モデル、すなわち、社会が排除の対象者を新たにかつ歴史的に作り出すことを意味する。

少子化対策――　少子高齢社会があたかも自然現象であるかのように流布され、単なる社会現象とみられている。そのため、たとえば待機児童対策が、しかしそれは対処療法的二次対策であって、根本的解決には至らない。

七〇年代半ばは「家付き、カー付き、ババ抜き」、バブル期は「三高（高所得、高学歴、背が高い）」、リーマンショック時には「公務員」。これは結婚適齢期にある女性の結婚相手の願望。日本ではフランスと違って結婚を前提に子どもを産む国民性、そのため、適齢期の女性は非正規労働者を選ばない、相手にしない傾向にある。正規より非正規の男性の未婚率は二倍。政府は少子化対策と言いながら、一方では今や非正規労働者を四割にまで、そんな不安定雇用を増やす経済政策をとっている。少子化対策はすなわち安定雇用政策。

合成の誤謬――　これは近代経済学の概念であって、一つひとつの行動は正しいのだが、それが集合化・総合化されると結果は誤りとなる。誤謬となって現れる。

それを再定義すると、森友・加計、財務省、防衛相、厚労省の一つひとつは誤りであっても、安倍政権・総理官邸に集約されると、合成の整合性になる。

多様性――　私の「多様性・多様な」は、一人ひとりが千円をもって、日本蕎麦屋、中華屋、イタリアン、ピザカフェ、千ベロ居酒屋に行く事である。

安倍総理の「多様性・多様な」は、一万円をもった紳士は高級レストランに、一人五千円会費の女子会に、千円をもったサラリーマンは日本蕎麦屋に、五百円をもった契約社員は駅構内の立ち蕎麦屋に。

そしてもう一つの重要な再定義は「専門性」。特別支援学校の分離に基づく、分離のための専門的教育……。

六　人間は偏見を持つ動物＝想像力と差別は根底でつながっている

次の文章は、月間文芸誌『新潮』一一月号の編集後記である。

『新潮45』二〇一八年一〇月号の特別企画「そんなにおかしいか『杉田水脈』論文」について、小誌の寄稿者や読者から多数の批判が寄せられました。

同企画に掲載された「政治は『生きヅらさ』という主観を救えない」において、筆者の文芸評論家・小川榮太郎氏は「ＬＧＢＴ」と「痴漢症候群の男」を対比し、後者の「困苦こそ極めて根深かろう」と述べました。

これは言論の自由や意見の多様性に鑑みても、人間にとって変えられない属性に対する蔑視に満ち、認識不足としか言いようのない差別的表現だと小誌は考えます。

このような表現を掲載したのは『新潮45』ですが、問題は小誌にとっても他人事ではありません。だからこそ多くの小誌寄稿者は、部外者でなく当事者として怒りや危機感の声をあげたのです。

文学者が自身の表現空間である『新潮』や新潮社を批判すること。それは、自らにも批判の矢を向けることです。

小誌はそんな寄稿者たちのかたわらで、自らを批判します。そして、差別的表現に傷つかれた方々に、お詫びを申し上げます。

＊＊＊

想像力と差別は根底でつながっており、想像力が生み出す文芸には差別や反差別の芽が常に存在しています。

そして、すぐれた文芸作品は、人間の想像力を鍛え、差別される者の精神、差別してしまう者の精神を理解することにつながります。

『新潮45』は休刊となりました。しかし、文芸と差別の問題について、小誌は考えていきたいと思います。

二〇一八年九月二八日

『新潮』編集長・矢野　優

この編集後記の中で私の目に留まったのは、「想像力と差別は根底でつながっており」という一文であった。この基本的な認識は、以前より私が機会あるごとに書いてきた「人間は偏見を持つ動物である」と同様の思想と重なるからである。日常生活の中であれ、芸術や文学作品、芸能やその他表現においても、想像と偏見はギリギリのところで裏腹の紙一重の関係にあると言っても過言ではないであろう。その危うさはどうしても避けて通れない。だから、表現や言論の自由が問題になるのである。

動物は本能に従って行動する。自然界の中でたとえ学習したにしても、それは本能に転化する。だから、動物は偏見を持たない。ビーバーが巣（ダム）を作るにしても、人間が予め設計図を書いてダムを造るのとは明らかに違う。人間は頭の中で想像して設計図を書く。つまり、人間は動物と違って想像力をもって行動する。想像する、類推する、推察するのである。

しかしながら、一連のこうした意識作用、精神作用は同時に偏見や差別も生み出す。目にしたたった一つの事象に対しても、想像と類推をもってあたかも全てを推し量り、全体を体系づけようとさえするのである。その限りでは偏見はきわめて人間的、だがそれは至って非人間的でもある。だからこそ、私たちは常に「人間は偏見をもつ動物である」と自覚し、常にそれを検証しなければならない。

といって、私がいうこの「偏見」は人間的で可愛くもある。しかし、その一方には非人間的で可愛くもなく、悪質なものも多数ある。つまり、目の前の「同じ」事象であっても、それをどう理解し、どう表現するかである。その分かれ目は、認識主体の思想的立場に深く関わってくる、そう言ってもよいのではなかろうか。

「想像力と差別は根底でつながっており」、その「根底」とは何かである。そしてそこにもう一つ関わってくるのが「表現」、芸術や文学、思想といったものであればなおさらである。とどのつまり、表現と出版、言論の自由の問題でもある。

原則としては、という言い方をあえてするのも実はヒトラーの『我が闘争』を念頭においてのことであるから、少なくとも国家権力にではなく、市民大衆がそれを自由に、「自由」を自由に選択決定づけること、その必要性、その力を、私たちは持つべきであると考える。国家権力にではなく、表現も出版も、そして言論の自由も、その受け手である私たち市民大衆がそれを決定づけることが極めて重要である。悪質な出版を差し止めるのも、私たち次第である。「新潮45」の廃刊はその意味では当然のことであろう。偏見や差別、ヘイトクライムは許されるべきではないからだ。

七　人権とリスク

商店街の薬局には店の前に「クスリ」という看板がある。この看板の「クスリ」を下から読むと「リスク」になる。薬には必ずといっていいほど副作用がある。だから「クスリ」は「リスク」と背中合わせ。こんなシャレのような話を、人権の問題に関わって書いてみたい。書きようによっては、また理解の仕方によっては大いなるリスクを伴うことにもなりかねないが……。

話は私が参議院議員をしていた時のことである。私は当時社会党の議員で、その社会党の重鎮の議員が、精神障害者のことにふれて法務委員会で質問した。たしかこの頃、いわゆる「精神障害者」だった人が傷害事件を起こして、ニュースで取り上げられていた。

その質問は、「毒蛇を公園に放し飼いにしているようなものだ」という比喩的なものだった。当然問題視され、社会党の国会対策委員会や法務部会で取り上げられ、私も障害者議員としてその対応に迫られた。この質問内容の問題性を率直にどう考えるべきか、しかしその一方では残念ながら国会対策上いかに穏便に収めるかの取り扱いにもなった。質問者がたとえば私のような一年生議員であれば議事録からその箇所を即削除、だが質問者はベテラン議員であるため、結局、議事録から削除されることもまたそれに応じることもなかった。そのまま残された。

法務部会での議論では、私にとって意外な、かつ感銘的ともいえる部会長の発言があった。「人権を守るということは、そこにはリスクもある。そのリスクも認めて、人権は保障される」というものであった。つまり、精神障害者の人権を守るということには、なんらかの社会的リスクが伴わざるを得ない、そのリスクを引き受けなければならない、そうでなければ人権は誰にもすべての人に保障されないという見解であろう。

これには当然猛反発もあろう、それでは犠牲者はどうなる、犠牲者の人権はどうする。あなたが犠牲者になってもいいということですね？

口ごもらずに反論するつもりはない。しかし、たとえ一部の人の人権であってもそれを制限すれば、結局、幻想上の人権保障、結果、すべての人の人権侵害・制限につながりかねない。すなわち、リスクを伴わない本当の人権保障などあり得ないといえるだろう。

説明を変えれば、危険とされる遊具が公園から撤去される。危険を百パーセント回避するには、危険とされる遊具を百パーセント撤去する他無い。もちろんいうまでもなく一パーセントの危険を放置してよいというわけでは決してない。設計上のミスやボルトのゆるみの見落としなどは論外だが、百パーセントの安全はむしろ何もしない、何もないこと、それに勝るものはないであろうが、これまた非現実的なものである。

防災も昨今減災と言われ始め、想定外を想定内にする努力は必要だが、百パーセントの防災がかなわないように、だから減災へと舵を切ったのではなかろうか。百パーセントの防災は幻想上の防災にすぎない。

話を元に戻すと、精神障害者の人権を守ることはすべての人の人権を守ることにつながると、私は確信する。そのためのリスクは、そしてそのリスクはすべての人が引き受けるべきであろう。幻想上の人権保障論にしないためにも。

差別構造とはそういうものであって、一〇〇人のうち一〇〇人めを差別排除すると、次に九九人めの人を差別排除し、九八人め、九七人めとなり、差別排除する側の中に差別排除が温存される。差別構造とはまさに構造的なのである。

八　津久井やまゆり園事件、そして施設か地域か

津久井やまゆり園事件を考え続ける会が、二〇一九年一月二七日に相模原市で開催した対話集会を紹介する。三つの資料として、一つは対話集会のよびかけ案内、二つめは会の会員でもある成田神奈川新聞記者が報道した記事の概要（著作権法から記事そのもののここへの掲載は不可）、そして参加者の感想アンケートの一部。

このような対話集会は私にとっても初めての経験。おそらく施設派と地域自立派の関係者にとっても一堂に会したこのような対話集会は初めての試みであるといえる。その意味でも大変興味深い。

1　津久井やまゆり園事件を考え続ける・対話集会

「父達は語る～なぜ親・家族は施設を望むのか或いは望まないのか？　～そこには何が？」

二〇一九年一月二七日（日）　会場：ソレイユさがみミーティングルーム1

主催：津久井やまゆり園事件を考え続ける会

・はじめに　堀利和氏（共同連代表、『季刊福祉労働』編集長）
・発言者　神戸金史氏（TKB毎日放送記者、二〇一八年日本医学ジャーナリスト協会賞・大賞受賞）、大月和真氏（津久井やまゆり園家族会・会長）、尾野剛志氏（津久井やまゆり園家族会・前会長）
・コーディネーター　岡部耕典氏（早稲田大学教授）
・全体進行　杉浦幹（勇気野菜プロジェクト）

二〇一六年七月二六日に事件が発生して以来、それは私たちに暗い影を落としてきました。それをどう受け止めたらよいか、未だに答えを見いだせていません。「考え続ける会」としても、これまで何度か講演やシンポジウムを開催してきました。事件から二年半、今回は、親・家族が「なぜ」施設を望むのか、望まないのか、それを真正面から対話してみたいと思います。参加者の皆さんの中にも施設のあり方についてそれぞれの賛否の意見はあるかと思いますが、それを巡って二項対立に陥らないためにも、その正否を問うことを目的とするのではなく、Why？「なぜ？」に耳を傾け、考える対話の場としたいと思います。

2 障害者生活どう支援　相模原「やまゆり園」家族ら集会
事件から二年半　住まいへの思いは

（神奈川新聞一月二八日　成田洋樹）

同園の現在地での再建を求めてきた尾野さんは都内の支援団体との出会いから、息子のアパートでの自立生活を模索している現状を説明。「施設よりも自由な暮らしができるのは確か。最終的に判断するのは息子だが、数年後に実現させたい」と語った。一方、入所施設の必要性をこれまで訴えてきた大月さんは「社会にはさまざまな障害者がいるので、施設もGHも一人暮らしもそれぞれ必要。どんな場でも適切な支援を受けられるべき」と訴えた。自閉症の息子（二五）が地域で支援を受けながら自立生活をしている岡部さんは「当事者や家族が入所施設をなぜ選ばざるを得なかったのか。施設以外の選択肢を示せてこなかった社会の責任だ」と強調。息子の将来についてGHでの生活を視野に入れている神戸さんは「地域社会で顔見知りの人間関係をつくることこそ、障害者の生活を支えることにつながるのではないか」と述べた。（参加者二〇〇名）

3 参加者のアンケート

①しょうがい当事者　やまゆり園のご家族の生の声がきけたことがよかったです。知的障害

の人の選択肢には、シセツ、グループホームしかないことにいきどおりを感じています。一人でくらす、けっこん、友だちとくらすことを選択肢とする社会にしなくてはいけないとおもっています。がんばりましょう。

②母親は多分障がい者の最後の行き場を自分が元気なうちにさがしていきたいのだと思います。それが保障されるのなら在宅でもグループホームでも施設でも本人が楽しんでいける所ならよいのです。グループホームだけが地域ということではないと思います。在宅でヘルパーを使って暮らしていくことも地域で暮らしていくことです。高齢者が特養の入所待ちのように障がい者にも施設が必要だと思います。

③元施設職員　とてもとてもおもしろかった。次回ぜったいに会を開いて下さい。☆平野さん（津久井やまゆり園元家族会）が発言した「虐待」を追及してほしい。家族で知らない人がいる？　実体が家族会会長（二名）となぜこんなに違って語られてるのか？　びっくりしました。まずは救うことから大事です。

④それぞれの立場・考えを出し合ってもらったのはよかった。ただいろんな選択肢があるということで済ませてしまうのではなく、なぜ殺傷事件がおこったのか、そのこととどのように暮らしていくのかを関連づけて考えていりたらと思います。教育のことも絡めていけたらと思います。小さい時から一緒に育つことは重要だと思うが、意外と話題にならない

のは何故でしょう？

⑤学生　高校一年です。障がい者の居場所に関するお話、とても興味深かったです。考えは違っても、このように対話する集会は素晴らしいと思います。自分も彼らの居場所を考えてみたいと思います。

⑥学生　簡単に「地域！地域！」と言うことの危けんがあると感じた。私は、メディアへの就職を目ざしている学生であるが、なぜ、やまゆり園の家族が施設と、求めるのかを報じねばならないと感じた。

⑦番外（堀利和）　選択・選択肢とは、AからEまでの全てを選択できる状況の中でEを選んだ時に初めて「選択」と言える。しかしEしかない、AからDに拒絶された状態の際にはEを選択したとは言えない。選択させられた、すなわち強制されたということであって、それは選択幻想にすぎない。矛盾には本質的矛盾と副次的矛盾がある。この場合、本質的矛盾は施設否定。しかしそこに現に施設があり、したがって否定すべき施設だからと言って、それが非人間的人権侵害にあったなら、それを改善するのは当然。これを副次的矛盾という。ここに対話が成立する。社会的コミュニケーションである。

第三考　共飲

銭のないやつぁ　俺んとこへこい
俺もないけど　心配するな
見ろよ　青い空　白い雲
そのうちなんとかなるだろう

これは「サラリーマンは気楽な家業ときたもんだ（ドント節）」と歌った、植木等のヒットソング「だまって俺についてこい」である。これを額面通りに受け取ってはならないであろう。六〇年代の高度経済成長のサラリーマン、その繁栄の中でのサラリーマンの悲哀と心情を歌ったものである。

その時代背景を見ると、地方の農村から都市部（東京都）へ人口が流入したのは明治維新以降の日本近代資本主義期であって、二度目はまさに六〇年代の高度経済成長期であった。当時中卒の若者を「金の卵」ともてはやし、しかしそれは井沢八郎の「あゝ上野駅」である。そして、次も植木等の「スーダラ節」――

チョイト一杯のつもりで飲んで
いつの間にやらハシゴ酒

気が付きゃホームのベンチでゴロ寝
これじゃ身体にいいわきゃないよ
分かっちゃいるけどやめられねぇ
アホレ　スイスイ　スーダララッタ　スラスラ　スイスイスイ……

私も若いころには会議が終わると、いや、今でもそうかもしれないが、毎回皆で行きつけの居酒屋に行く。ところがいつものことであるから、たまに生保の仲間が「いや、今日は……」と言って、それとなく帰ろうとする。金のないのはお互いさま。だが、ないもの同士でも支払いはなんとかなったものである。

皆で飲みながら、また続きの話をする。支払いは大体同じくらい払うのだが、もちろん彼は払わなくても差支えない。彼一人を帰して、それで皆で飲んでも酒はうまくない。

割り勘は一見平等のように見えても、平等ではない。それは応益負担であって応能負担ではない。

平等がなぜ等価でなければならないのか？　人間的不等価交換でも良いのではなかろうか。

飲む、それ自体が目的とはいえない。皆で飲むことに価値がある。それが「共に飲む」ということであり、「共飲」である。平等は必ずしも等価交換でなければならないということではない。純粋贈与、純粋共生とは形式的不平等の人間的不等価交換である。
これが私の経済哲学の基本的思想である。

第四考　津久井やまゆり園事件と裁判をめぐって

一　私たちは津久井やまゆり園事件の「何」を裁くべきか

三月三一日午前零時　死刑判決確定

死刑囚となった　植松聖
彼を賛美した　ネット炎上の者たちよ
おまえが執行ボタンを　押せ
俺は　押さない

俺は押す
彼の差別思想に

衆議院議長に宛てた「手紙」の三段階論

「手紙」の文章の前後を入れ替えると、第一段は、「保護者の疲れきった表情、施設で働いている職員の生気の欠けた瞳」「障害者は人間としてではなく、動物として生活をすごしております」「車イスに一生縛られている気の毒な利用者も多く存在し」となっている。この段階では利用者、保護者、職員を観察し、「気の毒な利用者も多くいる」とシンパシーや同情の気持ちを見せている。

第二段になると、「障害者は不幸を作ることしかできません」「障害者を殺すことは不幸を最大で抑えることができます」「保護者の同意を得て安楽死できる世界です」。第一段から第二段にかけては、殺害の意志を示してはいるものの、これはまだ個人的な動機であって、実行することはなかったと思われる。

ところが第三段になると、「理由は世界経済の活性化」「日本国と世界の為と思い居ても立ってても居られずに」「今こそ革命を行い、全人類の為に必要不可欠である辛い決断をする時だと考えます」と、さらに飛躍し、「思想」化した。

横浜地裁の判決と死刑囚植松聖の言い分

この事件は単に植松聖個人を裁くものであってはならず、しかし検察と弁護人の間では「刑事責任能力」の有無を争うのみで、結局三月一六日の判決では検察が求めた「死刑」が言い渡された。

弁護人としては当然被告を無罪または減刑に持ち込む責任があるため、本裁判でも公判を通してそのように求めた。それゆえ、永山基準からみて「心神耗弱」では意味が無く、「心神喪失（無罪）」に持ち込む他なかった。それが「刑事責任能力無し」、事件当時精神錯乱状態にあったということである。

だから弁護人は、大麻精神病の妄想により「責任能力無し」として二七日に控訴したが、結果それは彼の「思想」が妄想につながるため、すでに植松は検察に対して「自首したほうが、精神錯乱していないと思われる」と述べており、三月二四日に接見した東京新聞記者に「二審、三審と続けるのは間違っている。この事件についていては答えが出ているので、もういい」と控訴しないことを断言して、たとえ弁護人が控訴したとしても「取り下げる」としている。その控訴期限が三月三〇日。三一日の午前零時に死刑が確定した。

また接見でも「障害者に人権がある前提で進んだことが納得いかない」「文句を言う遺族はヒステリックと思った」と続けている。そして、判決の言い渡し直後に「最後に一言だけ言いたいことがあります」と手を挙げたのだが、裁判長はそれを無視して閉廷した。その一言は「世界平和に一歩近づくにはマリファナ（大麻）が必要だと言いたかった」とのことである。ここで大麻についてふれると、裁判の中で弁護人とのやり取り、弁護人から「大麻によってもたらされるいいこととは、どういうことを言うのか」と聞かれ、植松は「重度障害者は、殺害したほうがいいということを教えてくれた」と応じた。

検察からの「よい社会をつくるとはどういうことか。意思疎通できない人を殺害することで、よい社会づくりができると考えているのか」の質問に対し、「やまゆり園にとどまらず、世界中の意思疎通できない障害者をそうすべき。殺したほうがいいということに気づいてもらう」「今回の事件でそれを考えてほしいということか」「はい」。

裁判においては、検察、被告、弁護人の三者の立場がそれぞれ異なり、公判の進め方に奇異を感じた。そんな中、植松被告の歪んだ障害者観・「心失者」観は一貫してゆらぐことはなかった。つまり、死刑を受け入れることで自らの「革新」を再認識するようでもあった。

そして記者との接見において、死刑判決は「でるだろう」と思っていた、死については「怖さもある」とし、「（この世の中が）楽しいからいなくなるのは寂しく、悲しい」と述べている。

この裁判は当初から匿名で扱われ、死傷者は生身の人間というよりは「抽象化」「記号化」された存在として公判が進められた。だが、初公判前日、「甲Ａ（一九歳）」の母親がわが娘の名前を裁判員に知ってもらいたいとして、「美帆」と名乗った。

植松死刑囚との接見から

四月一日に報道されたニュースを耳から聞いただけなので、正確にはわからないが、ＮＨＫ記者との接見では、「今後接見できないと、手紙や話で自分の主張が言えなくなるから、控訴取り下げをやめようと思ったが、残念」「面会や手紙のやり取りがなくなるのは悲しいです」「心の葛藤はあった」「これ以上裁判を続ける意味はない」「死への恐怖はなくなりました」と話しているようである。

同じく『創』の篠田編集長も接見して、「マンガを描いたり絵を描いたりという仕事を自分はまだやれると思っているので」そして「まあ仕事と言えるほどのものではないですが」とも付け加えた。「一年以上前ですが、幻覚を見たんです。ここの壁がバラバラと崩れていく光景です。私は死刑が確定しますが、死刑で死ぬことはないと思っているんです」。どのみち日本は破滅するのだから、死刑確定はそれほど意味がないというのだ、と篠田編集長は書いている。「死にたくはないけれど、一方でやはり死ぬべきだという気持ちがある」「自死を選択した」とも表現した。

事件は入所施設の津久井やまゆり園で起きた

ここからの分析は個人的動機に焦点を当てて、入所施設やまゆり園の処遇のあり方について考えてみたい。

家族会前会長の尾野さんが言うには、彼は好青年であった。彼は二〇一三年五月発行の家族会の会報に、次のように書いている。

「初めまして。この度のぞみホームで勤務になりました植松聖です。心温かい職員の皆様と笑顔で働くことが出来る毎日に感動しております。仕事では、毎日がわからない事だらけです。右も左も分かりません。経験豊富な先輩方の動きを盗み、仕事を覚えていきたいと考えています。今は頼りない新人です。しかし、一年後には仕事を任す事の出来る職員を目指して日々頑張っていきます。これからも宜しくお願いいたします」。

二〇二〇年一月二八日朝日新聞記事から
一月二七日の横浜地裁九回公判
検察側の「襲撃する人をどのように決めたか」という質問に「部屋に何もない人は考えを伝えられず、パンツだけで寝ている人は自分で排泄できない人と判断した。利用者に命令口調になったり流動食を作業のように流し込んだりする他の職員の姿を見て（利用者は）人間でないと思った」と述べて園で働くなかで差別的な考えが膨らんだと（植松被告は）話した。

公判から
検察　職員については？
植松　少し感覚のずれてしまうのかな。人間として扱えなくなるのではないか。命令口調。人に接する口調では無いです。人として扱っていないです。

検察　入所者への暴力は？
植松　聞いたことはあります。自分は暴力は良くないと思いました。でも他の職員から二・三年やればわかるよ！　と言われました。私は無駄な暴力を振るった事はありません。動物と同じでしつけです。鼻先を小突いたりはしました。
検察　そのようなことから、重度障害者はいらないと思ったのですか。
植松　はい

また、植松にとって刺青は美でありそのスジの強さを象徴するものであったが、刺青が発覚して園長や管理職から問題を突きつけられた。しかし真面目だということから解雇されることはなかったが、それは彼にとって屈辱以外の何物でもなかったといえる。

昨年八月上旬に、新潟で尾野さんと私の講演会があった。この時、私は「刺青問題」を話した。尾野さんからは、この刺青の問題があってから彼は人が変わったという。同僚や上司と口論の際取っ組み合いになったという。

後に彼はこの件で「障害者にさせられた」と言ったというのである。通常なら自分を非難してくる相手に対してその怒りが向かうのだが、彼はそうではなかった。強者にではなく、弱者に向かった。入所の利用者に向かったのである。

植松聖の優生思想の特徴

次に、彼の優生思想について分析してみたい。一人二人に虐待することとは異なって、彼の歪んだ正義感と使命感の「思想」形成そのものが問題であると言える。それがこの事件の理解を一層複雑にしている。

措置入院中に「ヒトラーの思想が下りてきた」と言ったとされているが、実は、彼はナチス・ドイツのT４作戦を知らなかった。ユダヤ人六〇〇万人をジェノサイドしたことは知っていたが、それは間違いだと言っている。一方、T４作戦で障害者・難病者が二〇万人以上殺されたことは知らなかったと言う。

彼の優生思想はどちらかというとヒトラーというよりはマルサスのそれに近い。一八世紀末、自国イギリスの救貧法に反対した『人口論』の著者マルサスの経済思想と人口法則である。食料の増加は算術階級的にしか増えないが、人口の増加は幾何級数的に増え、食料不足の状態の中で病人（障害者）や貧者などの劣性な人類は淘汰されるべきであって、したがって救貧法による救済は無意味であり、人口法則に従うべきとした。もちろんこの人口法則も経済思想も誤りであることはいうまでもないが、劣性な人間は淘汰・死滅させて当然、植松被告も「心失者」は安楽死が当然という同質の思想である。「障害者は不幸を作ることしかできません」「安楽死できる世界です」というように、積極的自然淘汰、迷惑論とでもいうべきものである。

それが大統領選のトランプの「アメリカンファースト」、白人至上主義、排外主義思想に、彼は共感した。この精神構造、思想は「強者が被害者意識をもつ構造」ともいえる。移民・難民の問題に置き換えて言えば、ドイツではかつてトルコ移民を受け入れて、3K（汚い、きつい、危険）の仕事に従事させた。ところが不況になって失業者が増えると、今度はトルコ移民がドイツ人の仕事を奪っているという被害者意識を持つに至る。

この精神構造が「刺青問題・事件」であり、彼特有の二分法の思考法でもあり、弱者を攻撃することで自己否定から自己肯定への歪んだ正義感と英雄主義への道筋となっていくことがわかる。

そしてさらに注目すべきは、衆議院議長に宛てた「手紙」、「私は障害者総勢四七〇名を抹殺することができます。」「是非、安倍晋三様のお耳に伝えて頂ければと思います。」。その応えが「措置入院」かよ！　それで、措置入院中に彼は殺害の決断を固めたといわれている。

そして退院後に筋トレを行い、窓ガラスを割るためのハンマーと数本の包丁を用意し、職員の少ない深夜を狙ったのである。

ちなみに、衆議院議長に宛てた「手紙」と「精神疾患・精神病」との関係についていえば、議長公邸から通報された「手紙」の取り扱いが本来神奈川県警本部の刑事課に行くべきところを、その「異常」さゆえに生活安全課に回された。それは精神障害者「だから」とみたからに他ならない。「手紙」は刑事課で扱うべきものであったと、私は考える。

つまり、「手紙」の行為は、刑法第二三三条の偽計業務妨害罪にあたり、それは脅迫罪でも威力業務妨害罪でもなく、少なくとも偽計業務妨害罪にあたると、私はみている。ところがその「手紙」の扱いが生活安全課に回され、そこから相模原市精神保健福祉課、さらに措置入院ということになる。

そのことはその後の精神保健福祉法の改悪の画策へとつながっていく結果となる。しかし、改悪の画策があまりにも強引であったため、野党の厳しい追及により国会ではそれは成立せず「断念」となった。

植松聖の哲学思想のあやまり

『生きるのに理由はいるの？』のドキュメント映画を製作した澤則雄氏が植松被告と接見した後、彼から届いた手紙を読ませてもらった。差し入れられたと思われるかなり多くの本（二〇〇冊ほど）を読んでいるようだが、その手紙にはカントとニーチェの名前があった。そこには「超人になりたいが、なれない」と書かれていた。

おそらく彼はニーチェの『ツアラツゥストラはかく語りき』を読んだと思われる。超人にあこがれている植松らしい感想である。しかし残念ながらニーチェ哲学の「超人」はそうではない。彼の曲解である。世界の真ん中にいて、その頂点に立つ強い存在として超人を理解したようである。

しかしながら、「神は死んだ」と叫び自らを「例外者」とするニーチェの実存哲学は、超人とは「神は死んだ」世界の周辺で耐え忍ぶ存在、それが超人である。反近代主義の無のニヒリズム、「力への意志」なのである。「超人になりたいが、なれない」という植松被告のそれは「革命的英雄主義」ではないのか。

また、ヒトラーにも言える。ピレネー山脈で会ったムッソリーニから『ニーチェ全集』を送られたヒトラーは、ナチズム思想においてニーチェを利用した。そのためニーチェ哲学をどう評価するかは一つの論争ではあるが、少なくとも無の形而上学・哲学者のハイデッガーがナチズムに賛意を示したこととは明らかに違う。ヒトラーはニーチェを利用したのである。

また、カント哲学についてもそうである。カントは、「人間は手段であると同時に目的である」と、道徳律、人間論、自由論を説いた。他者を手段とすると自己自身も他者から手段とされ、そこには自由はない。しかし、他者を目的とすると自己自身も他者から目的とされて、「人間は目的」であって、自由となる。これがカントの自由論である。

ところが、植松聖は障害者を手段、「心失者」は役に立つか立たないかの二分法で判断、つまり障害者のみならず人間をそのようにみて、「人間は目的」ではなく「人間は手段」、したがって彼もまた自由ではない。

障害者は目的である。人間解放の最後の存在者、サバルタンである。障害者は福祉政策の対象でも手段でもない。障害者の存在自体、それ自体が目的である。なぜなら、障害者は人間界においてのみ存在できるのであって、自然界においては障害をもつ動物は生存できないからである。

というのも、動物行動学者ドーキンス(注)の「利己的遺伝子説」を、さらにハミルトンは「血縁淘汰説」として発展させ、これを、私はさらに動物の例外者としての人類は、「共生の遺伝子」を形質として獲得したと「共生の遺伝子説」を唱えている。「利己的遺伝子説」「血縁淘汰説」「共生の遺伝子説」である。自然科学から社会科学（たとえば今日的にいえば所得再分配という政策科学）への世界史的進歩である。すなわち、そこから言えることは「利己的遺伝子」が出現するかもしくは「共生の遺伝子」が出現するかは、いたって経済社会環境によって決定づけられる。といって、それは必ずしも機械的唯物論のような決定論を意味するものではない。社会変革に関わる主体性論にも深く依拠したものであるといえるからである。いずれにせよ、それは「障害者は人間界においてのみ存在でき」「人間（障害者）は目的である」ということを人間学的に論証しようとすることに他ならない。

【注】ただし、ドーキンスはその後『神は妄想である』の中で、利己的遺伝子による利己的行動が、むしろ、気前の良さとその評判とその見返りを期待して利他的行動をとることもあると立証しようとしたことについても、私たちは評価を与えなければならないであろう。

ゆがんだ思想と合理主義

確信犯としての植松被告の歪んだ正義感と使命感のその「思想」に対する姿勢は、ドフトエフスキーの『罪と罰』の主人公ラスコーリニコフにも共通している。それは「エピローグ」を読むとよくわかる。

黄金を老婆が持っているよりも、優秀で有能な優れた自分が老婆の黄金を持っていた方が役立つ、世の中のためになると、ラスコーリニコフが考えた。こうして、結局彼は老婆を殺害することとなる。

ソーニャ（マリアの化身）に促されたラスコーリニコフは、大地に接吻する。だが、ドフトエフスキーは、「エピローグ」の中でラスコーリニコフにこう言わしめている。

「どういうわけでおれの思想は、この世にうようよして、互いにぶつかりあっている他の思想や理論に比べて、より愚劣だったというのだ？（略）おれはこの第一歩をおのれに許す権利がなかったのだ」。そしてドフトエフスキーは、こう分析する。「つまりこの一点だけにかれは自分の犯罪を認めた」と。ラスコーリニコフに強靭な精神力（他の思想や理論）があったなら、自分を持ちこたえさせることができたのかと問うのは本質を見失う。合理主義を支えるものは本当は何なのかである。

植松聖にも同様なことが言えるのではなかろうか。

匿名と恥の文化

匿名について一言触れたい。

やまゆり園家族会の尾野前会長が言うには、事件直後東北出身の父親がテレビに出たところ、早速出身地の実家からテレビに出るなと電話がかかってきて、その父親はその後マスコミの前には一切顔を出さなくなったという。これは実家をも巻き込んだ「恥」の文化ではなかろうか。

呉秀三は、「我が邦十何万の精神病者は実にこの病を受けたる不幸の他に、この邦に生まれたるの不幸を重ぬるものと言うべし」と言ったが、もう一つの不幸を加えて三重の不幸ということになるのは、「匿名」にしたる遺族・家族の元に生まれたる不幸を重ぬるものというべきであろう。

だが同時に被害者の家族に対して「匿名」という加害者性の立場に追い込んでいるのも、実は「世間」「世間体」であるといってもよいであろう。それが身内の「恥」、世間がつくった隠さざるをえない「恥」意識に追い込んでいる家族への被害者性の立場、そこに追い込んでいる世間もまた加害者の私たち、私である。私たちが家族に対して今度は加害者の立場に立たざるをえない事実である。家族はこの場合被害者の立場に立たされる。

太宰治がいみじくも『人間失格』の中で、世間についてこう書いている。

放蕩仲間の堀木が、太宰に「女道楽ばかりしていては世間が許しませんよ」と言う。太宰は確かにそんな生活をしていて、鎌倉の海で心中するが、女の人は死んで彼は助かる。だが昭和二三年には、今度は玉川上水で居酒屋の女性と心中し、太宰は絶命する。

そういう道楽男だったが、「世間は許しませんよ」と堀木に言われ、「世間」とは何か、実体はあるのか、言葉には出せなかったが、そう太宰は考える。そして行き着いた考えが、世間とは個人ではないか、世間とは堀木、おまえではないか、と書いている。

世間とはつまり個人である。または得体の知れない軟体動物のような諸個人の集合体でもある。

国家は法律、社会は制度、世間は個人によってつくられている。だから「匿名」も「私」が強いていると言えるのである。

相模原障害者施設殺傷事件における横浜地方裁判所の遺族・家族のための傍聴席の「目隠し遮蔽」に関する声明

津久井やまゆり園事件を考え続ける会

二〇一六年七月二六日の事件当日の朝、理事長及び一部の家族たちの二度にわたる申し入れにより、津久井警察署並びに神奈川県警本部は、その申し入れに対し例外措置として犠牲者の「匿名」を容認した。その後横浜地検も、地裁に対し、暴力団被害者及び性暴力被害者の二次被害を防ぐための「匿名」措置を本件にも適用するよう求め、結果、地裁はそれを容認した。しかし、被害者の「二次被害」とは一体何であるか⁉

「匿名」は決して許されるべきものではない。それは障害者に対する差別そのものである。犠牲者の人権と尊厳に深く関わる人間的な問題であるといえるからである。

この場合の「匿名」は、すなわち遺族のプライバシー、個人情報の保護とされているが、それはまぎれもなく身内に津久井やまゆり園の入居者がいたということ、身内に重度重複知的障害者がいたという事実に他ならない。それが家族や親類縁者にとっては「恥」、つまりそれを世間体からみて彼らには到底受認できる話でもなかろう。結局、「匿名」は誰のための？

だが、世間体の「恥」とは何か。残念ながら、それが私たちにも問われている。ましてや、植松被告に賛同したネット炎上の輩ともなればなおさらであろう。

そのことは、遺族が犠牲者の、我が子の差別的加害者の立場に立つと同時に、遺族もまた世間の差別的被害者の立場に追いやられ、結果的に「匿名」を望んでしまったといえるだろう。世間の構成員たる私たち、私も少なからず、世間というものを介した時、遺族に対して差別的加害者の立場に否応なく立たされる結果となる。

さはさりながら、今回の地裁の対応はさすがに看過できない。異様な風景である。法の正義と人権を守るべき裁判所が、障害者の人権と尊厳よりも、むしろ遺族のプライバシー、個人情報、すなわち遺族の「恥」を守ること、それに手を貸し、法の正義と人権のあるべき姿を放棄したと断ぜざるをえない。これは障害者にとって耐え難い。遺族・家族を守るための傍聴席の「目隠し遮蔽」は、すべての障害者に向かって無慈悲にもこう語る。衆議院議長に宛てた植松被告の「手紙」に「障害者は不幸をつくることしかできません。」とあるように、すなわち、障害者は家族の不幸をつくることしかできません、と。

よって、ここに、津久井やまゆり園事件を考え続ける会として「批判声明」を発する。

二〇二〇年一月一一日

（シンポジウム・対話集会「私たちは津久井やまゆり園事件の『何』を裁くべきか⁉︎」に於いて）

植松死刑囚は津久井やまゆり園の重度重複知的障害者を殺したが、われわれはすでに彼らを地域社会から抹殺していた。

植松死刑囚は津久井やまゆり園の重度重複知的障害者の命を殺したが、親・兄弟姉妹は彼らの名前を抹消した。

われわれの善意と恥の意識が、津久井やまゆり園の重度重複知的障害者を、被害と加害の関係性の中で殺した。

津久井やまゆり園のこの事件は、殺した者が殺され、殺された者が生き還るという輪廻の世界を打ち立てた。

公判前日「わたし、とくめいから美帆になったの！」と、美帆さんのつぶやきが聴こえる。美帆さん、お母さんの子に生まれてよかったね。

津久井やまゆり園事件とコロナ問題

津久井やまゆり園事件と今の新型コロナウイルス緊急事態、この二つの問題には根本的に通底するところがある。この二つを結び付け論じて終わりにしたい。

障害者、社会的弱者は生産性がない、生きるに値しない、マイノリティはマジョリティにとって迷惑な存在、いない方がよいという潜在的かつ一般的な意識、観念、このような社会的価値観に汚染されている共通課題がある。津久井やまゆり園事件とその裁判については、新型コロナ問題と同時に論じられなければならないであろう。

風化が心配される津久井やまゆり園事件とその裁判についての運動の継続は、今事実上のコロナ戒厳令状態にある中、これから先も講演会やシンポジウム、集会などが開かれない状況下におかれる可能性についても、さらに拍車がかかると思われる。このように、社会的活動が制限されることについて、私は民主主義の危機感さえ感じる。

一方、新型コロナで小規模事業所がおかれる状態も然りである。私たちの身近な、手作りのＮＰＯ事業所はこのような社会の激変に弱い。それは、運営の力不足や体力のなさというよりはむしろ事業サービスの対象が社会的弱者、共に直接的に支えあう関係でしか日常を維持できないという人間的関係性、加えて言えば感染者や社会的弱者への差別と偏見、分断が、それに拍車をかける。

海外に目を転じれば、たとえばルーマニアでは精神病院の感染職員は病院に行けるが、入院患者はそのまま隔離。アメリカ・アラバマ州のガイドラインには、非常時には知的障害者や脳機能障害がある人などは人工呼吸器の優先順位が低いとあった。障害者の反発で撤回。（Ｅテレ2チャンネル「バリバラ」五月七日放映より）

したがって、では私たちはどんな社会を?

問われるのも平時。

一九八一年の国際障害者年では「世界行動計画」に、「ある社会がその構成員のいくらかの人々を締め出すような場合、それは弱くもろい社会である。」とあり、また、国連は二〇一五年に、「私たちの世界を変える」をメインテーマにして、一七の目標と一六九の政策実現を立てた「持続可能な開発のための二〇三〇アジェンダ」を採択した。そのSDGsの「二〇三〇アジェンダ」の中に重要な文言がある。

「誰も置き去りにしない社会の実現」である。

二　津久井やまゆり園事件と私たち（上）

障害者の主体的運動の原点と七〇年代

六〇年代後半から七〇年代にかけての政治社会運動の高揚の中にあって、当時の若者がそうであったように、私もそこに身を置いて闘った。ベトナム反戦運動、七〇年安保、沖縄奪還闘争、三里塚闘争、そして石川青年奪還の狭山差別裁判闘争などであった。しかし、その一連の闘争も挫折を強いられ、徐々に下火になっていった。

そんな時、私は学籍をとって大学に入っていたのだが、重度脳性マヒ者の二人が聴講生として入ってきて、その「聴講生」問題に関わった。それが、私が初めて障害者問題に取り組んだ七三年である。

同時に、七三年を前後して一年と八ヶ月、都庁第一庁舎前でテント座り込みをしていた都立府中療育センター闘争があって、私もその闘争に参加した。以来、今日まで障害者問題に関わり続けてきたのだが、それは私自身が障害当事者であるということよりは、むしろ障害者「問題」にはまってしまったというのが本当のところであろう。なぜなら、障害者はすなわち人間解放の最後の存在者・サバルタンであると考えるからである。

その時代と、つまり七〇年代と津久井やまゆり園事件は私の中で強く結びついているといえる。その意味では、七〇年代はまだ終わっていない。

府中療育センター闘争はそもそも、「拝啓　総理大臣　殿」という池田隼人総理大臣に宛てた水上勉の手紙から始まったといっても過言ではない、障害者の「ため」の大規模収容施設・コロニー政策が進められた一つである。津久井やまゆり園も、一九六四年に神奈川県の施設として造られた。府中療育センターは隣接の都立病院と地下でつながっていて、入所の際の要件は死亡後の「献体」、家族はそれを承諾してのことであった。当時の収容施設は、今は多少改善されたとはいえ、外泊はもちろん外出も許可が必要で、四人ないしは六人部屋でプライバシーもなく、ベッド、一日中どう過ごしていたかは推して知るべし。三食の時間は決められ、入浴もせいぜい週二回、しかも同性介護の原則もなく、女性は処遇困難を理由に長い髪は許されなかった。

「鳥は空に、魚は海に、人は社会に」と、彼らは訴え、施設の改善と脱施設の自立生活を求めて闘った。施設を巡っては、その後施設改革派と脱施設の自立生活派に分かれ、私たちの、障害者解放運動のスローガンは「施設解体！」であった。

七〇年代初頭のもう一つの運動は、「母よ！殺すな」であった。障害児の我が子を殺した母親への近所の人や家族会などの減刑嘆願運動に対して、横塚晃一、横田弘をリーダーに神奈川県青い芝の会は告発糾弾闘争をもって応えた。殺された障害児に自らの存在を重ね、また「健全者幻想解体」とも訴えた。それは健常者になろうとする、近づこうとする、だがなれない、それは「幻想」にすぎないと戒め、かえってそのことは自らが脳性マヒ者であることを、その自らの存在と尊厳を否定することにつながるとした。したがって、そのことから、いわば「絶対否定」から「絶対肯定」へと自らの存在観を転換したのだといえるのではなかろうか。

そこで、次に横田弘が起案して七五年に全国総連合会の総会で採択された「行動綱領」をみてみたい。これは私にとってのバイブルでもある。

行動綱領

一、われらは、自ら脳性マヒ者であることを自覚する
一、われらは強烈な自己主張を行う
一、われらは愛と正義を否定する
一、われらは健全者文明を否定する
一、われらは問題解決の路を選ばない

われらは以上五項目の行動綱領に基づき、脳性マヒ者の自立と解放を掲げつつ、すべての差別と闘う。

「匿名」に至った経緯

家族がなぜ犠牲者の名前を匿名にしたのか、それはいたって本質的な問いである。同時に、私たち一人ひとりに突き付けられた問題でもある。つまり、この匿名に対していかに現実的に向き合い、かつその原因をつくっているのがはたして何であるかを見極める必要があろう。まず、匿名に至った経緯を検証する。

家族会前会長の尾野さんの話では、息子の一矢さんは重傷を負ったのだが、事件当日の朝七時半頃現場に行くと、居合わせた犠牲者の家族とかながわ共同会理事長とが相談して、津久井警察署に電話で匿名を申し入れたという。津久井署は一旦それを断わったのだが、再度申し入れた結果、県警本部との協議の上、津久井署から例外として今回は匿名を認めるとの電話があったそうである。それで犠牲者等全員の名前が匿名に扱われた。あわせて、職員等全員に緘口令が敷かれた。

昨年二月二四日に、横浜地検は植松容疑者を起訴した。精神鑑定の結果、刑法第三九条「心神喪失、心神耗弱（無罪または刑の軽減）」を適用せず、「人格障害でも善悪の判断ができ、刑事責任能力がある」とした。診断名は「自己愛性パーソナリティ障害」。

そこで、横浜地検は裁判において犠牲者等の名前の匿名を求めるとした。その根拠としては、暴力団や性暴力被害者が二次被害を受けないよう配慮した「匿名」措置を今回適用するというものである。一体、亡くなられた犠牲者の「二次被害」とは何であろうか？ そのことを匿名の問題からひも解くと、障害者やその家族が置かれている社会的状況、差別と偏見の深刻な実態がみえてくる。

家族はなぜ匿名にするのか

たとえば、津久井やまゆり園に限らず家族が我が子をなぜ施設に入れるかについては概ね三つのケースが考えられる。一つは、我が子と一緒に暮らしたいがどうしてもそれが叶わず（共働き）、といって施設以外のグループホームなどを希望しても見つからずやむなく施設に入所せざるを得ないケースである。二つめは、親亡き後を考えた時にも我が子が施設に入るのが望ましい、安心・安全、施設は素晴らしいということになり、公立公営ならなお素晴らしいというものである。三番めは、家族の中に津久井やまゆり園に入っているような重度の知的障害者がいては困る、知られては困る。近所の人や、たとえば一般的に言って兄弟姉妹が結婚していた場合に先方の親戚にそれが知られては困るといったケースである。だから施設に入れっ放しにしてしまう。

三番めのケースの事例について、尾野前会長はこう話していた。事件のあくる日テレビにでた犠牲者の親に、出身地の田舎から「テレビにでるな」と電話があって、それ以来マスコミには出ていないという。また、こんな話もしていた。今回の事件とは関係がないが、尾野さんが会長をしていた時のことである。津久井やまゆり園のある母親から、こどもの遺骨を持って家に帰ろうとしたら、主人がそんなもの持って帰ってくるなといわれ、会長さんどうしたらよいでしょうかと深夜電話があったそうである。

尾野さんによれば、月一回の家族会にも全く顔を見せない家族が三割ほどいるとのことである。津久井やまゆり園に入れっ放しだというのである。植松被告も、衆議院議長に宛てた「手紙」の中で、「車イスに一生縛られている気の毒な利用者も多く存在し、保護者と絶縁状態にあることも珍しくありません」と書いて、さらに「保護者の疲れ切った表情」とも書き添えている。

なぜ隠すのか、なぜ「絶縁状態」にあるのか。障害者の存在は「恥」、身内に障害者がいることが恥なのか、迷惑なのか。植松被告は次のようにも書いている。「障害者は不幸を作ることしかできません」と。つまり、障害者が不幸なのではなく家族や他人、また社会の不幸を作る原因だというのである。そんな存在だとするのである。

恥と世間

家族が我が子を匿名にして隠すのは、つまり、そうさせているのは、恥の意識、恥の文化に汚染されている世間ではなかろうか。では、その世間とは一体何であるか？　太宰治は『人間失格』の中で、次のように書いている。放蕩仲間の堀木から「女道楽ばかりしていては世間が許しませんよ」と言われ、世間とは「堀木、おまえ」だと書いている。世間とは何か、世間とは個人、私たち、私なのであって、私が世間をつくっているのである。犠牲者の名前を匿名、家族に名前を抹消させそれを強いたのは、世間をつくっている私たちなのである。それがブーメランのように世間の私に還ってくる。

情けは人の為ならず、差別も人の為ならず。他人に与えた差別・偏見は、回りまわって形を変えて自分のところに戻ってくる。すなわち、津久井やまゆり園事件は私たちの問題である。

三　津久井やまゆり園事件と私たち（下）

衆議院議長に宛てた植松被告の手紙

私は障害者総勢四七〇名を抹殺することができます。保護者の疲れ切った表情、施設で働いている職員の生気の欠けた瞳、日本国と政界の為と思い居ても立っても居られずに本日行動に移した次第であります。

理由は世界経済の活性化、本格的な第三次世界大戦を未然に防ぐことができるかもしれないと考えたからです。

障害者は人間としてではなく、動物として生活を過ごしております。車イスに一生縛られている気の毒な利用者も多く存在し、保護者が絶縁状態にあることも珍しくありません。

私の目標は重複障害者の方が家庭内での生活、及び社会的活動が極めて困難な場合、保護者の同意を得て安楽死できる世界です。

障害者は不幸を作ることしかできません。フリーメイソンからなる●●●●が作られた●●●

[redacted]を勉強させて頂きました。

戦争で未来ある人間が殺されるのはとても悲しく、多くの憎しみを産みますが、障害者を殺すことは不幸を最大まで抑えることができます。今こそ革命を行い、全人類の為に必要不可欠である辛い決断をする時だと考えます。日本国が大きな第一歩を踏み出すのです。

是非、安倍晋三様のお耳に伝えて頂ければと思います。

植松聖の実態
私は大量殺人をしたいという狂気に満ちた発想で今回の作戦を、提案を上げる訳ではありません。全人類が心の隅に隠した思いを声に出し、実行する決意を持って行動しました。

外見はとても大切なことに気づき、容姿に自信が無い為、美容整形を行います。進化の先にある大きい瞳、小さい顔、宇宙人が代表するイメージ、それらを実現しております。私はＵＦＯを２回見たことがあります。未来人なのかもしれません。

今回の革命で日本国が生まれ変われればと考えております。

作戦内容
職員の少ない夜勤に決行いたします。

重複障害者が多く在籍している２つの園【津久井やまゆり園、[redacted]】を標的とします。

見守り職員は結束バンドで身動き、外部との連絡をとれなくします。職員は絶対に傷つけず、速やかに作戦を実行します。

２つの園２６０名を抹殺した後は自首します。

作戦を実行するに私からはいくつかのご要望がございます。

逮捕後の監禁は最長で２年までとし、その後は自由な人生を送らせて下さい。

心神喪失による無罪
新しい名前（●●●●）、本籍、運転免許証等の生活に必要な書類、美容整形による一般社会への擬態。

金銭的支援５億円。

これらを確約して頂ければと考えております。

ご決断頂ければ、いつでも作戦を実行致します。

日本国と世界平和の為に何卒よろしくお願い致します。

想像を絶する激務の中大変恐縮ではございますが、安倍晋三様にご相談頂けることを切に願っております。

植松聖（うえまつさとし）

出典：ニュース速報 Japan より部分引用
＊手紙原文は手書きの横書き

手紙全文は一九三四字からなっているが、紙幅の関係から一部を削除し、大麻やギャンブルなどの箇所は割愛した。手紙はパソコンではなく手書きで書かれており、そこから推察すると、彼にとってそれは血判書のような覚悟の文章ではなかろうか。

マスコミ関係者が彼と接見ないしは手紙をやりとりした内容を伝えてはいるが、私としてはこの手紙が全てを物語っていると考える。

手紙の予告から措置入院の経緯まで

手紙を安倍総理に渡すために自民党本部に持って行ったのだが断られ、やむなく衆議院議長公邸に持って行き、受け取ってもらう。議長公邸は地元麹町警察署にそれを渡し、そこから神奈川県警本部に渡るのだが、しかしそれは刑事課ではなく生活安全課に回された。そのため、相模原市精神保健課、そして措置入院となる。

手紙は確かに異様で尋常ではないが、津久井やまゆり園に直接持って行けば脅迫罪、また経緯からいっても威力業務妨害罪、少なくとも偽計業務妨害罪、刑法の対象であったはずである。それが措置入院対象者にさせられてしまった。

措置入院には二人の精神鑑定指定医があたるのだが、この時の一人はその指定医の資格をもっておらず不正取得の状態であった。にもかかわらず、厚労省は診断に問題はないとした。

措置入院は通常長くなるが、たった一三日で退院してきた。後に述べるように、彼は思想的確信犯であって、事件と動機と思想と精神障害との関係を冷静に判断・分析すれば、「精神障害」が事件の原因ではないと言える。予断と偏見は禁物である。

精神保健福祉法の改悪への道

事件のあくる日塩崎厚労大臣が記者会見をし、また、三日後には安倍総理は関係閣僚会議を開いて、措置入院のあり方の検討を待ってましたとばかりに指示した。情報収集は速やかにしたとはいえ、しかし事件の真相はまだ明らかでない段階で。その後厚労省内に「検証・検討会」が設置された。すべては安倍政権の予断と偏見から始まる。こうして、精神保健福祉法の改悪が画策される。

昨年四月七日に参議院で審議入りとなるのだが、塩崎大臣の「趣旨説明」の冒頭に、「相模原市の障害者施設の事件では、犯罪予告通りに実施され、多くの犠牲者を出す惨事となった。二度と同様の事件が発生しないよう、以下のポイントに留意して法整備を行う」とあった。野党はこれに猛反発した。事件と措置入院患者とを直結させ、それを前提に法改正をしようとするものであったからである。厚労委員会は紛糾し、止まった。

塩崎大臣は謝罪し、冒頭の文章を削除した（政府はこれを差し替えという）。法改正の根拠を失ったわけである。野党は「立法事実」がなくなったから、法案を取り下げろと迫った。しかしながら、政府は一般的に改正は必要だとして強引に審議を進めた。当初四月一九日に可決、衆議院に送る予定であったが、結局五月二三日に可決して、衆議院に送られた。その後継続審議となって、昨年一〇月の衆議院解散で廃案となった。先の通常国会に再提出されたが、これも継続のまま。

法案改悪のポイントは、措置入院患者の退院後に自立支援計画を策定する際に、①警察行政の関与、②計画策定に本人又は家族の参画を認めずそれを送付するだけとなっている。

個人的動機から思想的確信犯へ

横浜地検は昨年二月二四日、精神鑑定の結果刑法第三九条「心身喪失、心神耗弱（罪に問えない、又は刑の軽減）」を適用せず、「人格障害でも善悪の判断ができ、刑事責任能力がある」として、植松容疑者を起訴した。診断名は「自己愛性パーソナリティ障害」、これは安倍総理と横浜地検とは見解を異にしている。

「自己愛性パーソナリティ障害」を前提にすれば、他人からの評価よりも自分自身の評価の方が高く、誇り高き男なのである。しかし一方、彼はコンプレックスに悩まされ、学生時代に美容整形や入れ墨を入れている。イケメンや強い者になろうとする傾向があった。

だから、入れ墨が発覚した際、園長や管理職からこのまま職員に留めおくか否かの検討がなされ、結果まじめだからという理由で継続となる。彼にとっては屈辱以外の何物でもない。自尊心が傷つけられた。こうした場合普通ならその強者に怒りが向かうのだが、彼はそれを入居者の重度知的障害者の弱者に向け、それによって自らを強者の立場に置こうとしたとみられる。これが彼の個人的動機、それを手紙から分析するとさらに新たな段階へ移る。

第一段階では「障害者は人間としてではなく、動物として生活を過ごしております」「車イスに一生縛られている気の毒な利用者も多く存在し」と書き、「気の毒な」と同情の意すら示しているのだが、第二段階になると「障害者は不幸を作ることしかできません」「保護者の同意を得て安楽死できる世界です」と論理を飛躍させ、最終段階では「理由は世界経済の活性化」「日本国と世界のために」「今こそ革命を行い、全人類のために辛い決断をする時」となって、動機が個人的感情から思想的確信犯へと合理化し、「決行」。

ヒトラーのゲルマン民族浄化の優生思想、『人口論』を書いたマルサスが自国イギリスの救貧法に反対して、優秀な人類が生き残って劣勢な人間は自然淘汰されるべきとした思想、彼の手紙の人道主義的方法ともいわれる「安楽死」、だが実際はおぞましい行為に走った。いずれにせよ、ヒトラーにしろマルサスにしろ、こうした優生思想と能力主義と格差と排除を、これらにどう立ち向かうかが本物の共生派に問われている。

強者が被害者意識をもつ構造

「障害者は不幸を作ることしかできません」、障害者の存在が不幸なのではなくて、不幸の原因、健常者、社会、日本、人類の不幸をつくる源、迷惑な存在と主張している。

これを、移民・難民の問題に置き換えて論じてみよう。つまり強者が被害者意識をもつ構造である。ドイツではかつてトルコ移民を受け入れて、３Ｋ（汚い、きつい、危険）の仕事に従事させた。ところが不況になって失業者が増えると、今度はトルコ移民がドイツ人の仕事を奪っているという被害者意識を持つに至る。

トランプ大統領もそうだ。アメリカンファースト。被害者意識の白人至上主義。植松被告は自らをブサイク、弱い人間としながらも、したがってイケメンや強者になるために、「障害者は不幸をつくることしかできません」として、彼がいう「心失者」を殺害することによって、それで安っぽい「革命的英雄主義」に身を置こうとした。

だから、私たちは津久井やまゆり園事件を現代的状況の中から何を学び、何をなすべきかが問われる。

四　親はなぜ障害をもったわが子を隠そうとするのか

まず、文章を感動をもって読んでいただきたい。それは昨年春、私にネットで送られてきた文章である。

きいちゃんという女の子は、手足が不自由でした。そして、いつもうつむきがちの、どちらかというと暗い感じのするお子さんでした。

そのきいちゃんが、ある日とてもうれしそうな顔で、「山元先生」と言って職員室に飛び込んできてくれたのです。

「お姉さんが結婚するのよ、今度私、結婚式出るのよ。ねえ、結婚式ってどんななの、私どんな洋服着ようかな」と、とてもうれしそうでした。「そう、良かったね」と、私もうれしくなりました。

ところが、それから一週間もしないころ、今度はきいちゃんが教室で泣いている姿をみつけたのです。「きいちゃんどうして泣いているの」と聞くと、「お母さんが、結婚式に出ないでって言うの。私のことが恥ずかしいのよ。お姉ちゃんばっかり可愛いんだわ。私なんか産まれなきゃ良かったのに」とそう言って泣いているのです。

きいちゃんのお母さんは、お姉さんのことばかり可愛がるような方ではありません。どちらかというと、かえってきいちゃんのことをいつも可愛がっておられて、目の中に入れても痛くないと思っておられるような方でした。

けれどもしかしたら、きいちゃんが結婚式に出ることで、例えば障害のある子が生まれるんじゃないかと思われたり、お姉さんが肩身の狭い思いをするんじゃないかというようなことをお母さんが考えられたのかなと、私は思ったりしていました。

きいちゃんに何と言ってあげていいかわかりませんでしたが、ただ、結婚式のプレゼントを一緒に作ろうかと言ったのです。お金がなかったので、安い晒（さら）しの生地を買ってきて、きいちゃんと一緒にそれを夕日の色に染めたのです。

それでお姉さんに浴衣を縫ってあげようと提案しました。でもきいちゃんは手が不自由なので、きっとうまく縫えないだろうなと思っていました。けれど一針でも二針でもいいし、ミシンもあるし、私もお手伝いしてもいいからと思っていました。けれどきいちゃんは頑張りました。最初は手に血豆をいっぱい作って、血をたくさん流しながら練習しました。

一所懸命にほとんど一人で仕上げたのです。とても素敵な浴衣になったので、お姉さんのところに急いで送りました。

するとお姉さんから電話がかかってきて、きいちゃんだけでなく、私も結婚式に出てください、と言うのです。お母さんの気持ちを考えてどうしようかと思いましたが、お母さんに伺うと、「それがあの子の気持ちですから出てやってください」とおっしゃるので、出ることにしました。

お姉さんはとても綺麗で、幸せそうでした。

でも、きいちゃんの姿を見て、何かひそひそお話をする方がおられるので、私は、きいちゃんはどう思っているのだろう、来ない方が良かったんだろうかと思っていました。そんなときにお色直しから扉を開けて出てこられたお姉さんは、驚いたことに、きいちゃんが縫ったあの浴衣を着ていました。一生に一度、あれも着たいこれも着たいと思う披露宴に、きいちゃんの浴衣を着てくださったのです。そして、お姉さんは旦那さんとなられる方とマイクの前に立たれ、私ときいちゃんをそばに呼んで次のようなお話をされたのです。

「この浴衣は私の妹が縫ってくれました。私の妹は小さいときに高い熱が出て、手足が不自由です。でもこんなに素敵な浴衣を縫ってくれたんです。高校生でこんな素敵な浴衣が縫える人は、いったい何人いるでしょうか。妹は小さいときに病気になって、家族から離れて生活しなければなりませんでした。

私のことを恨んでるんじゃないかと思ったこともありました。でもそうじゃなくて、私のためにこんなに素敵な浴衣を縫ってくれたんです。私はこれから妹のことを、大切に誇りに思って生きていこうと思います。」

会場から大きな大きな拍手が沸きました。きいちゃんもとてもうれしそうでした。

お姉さんは、それまで何もできない子という思いできいちゃんを見ていたそうです。でもそうじゃないとわかったときに、きいちゃんはきいちゃんとして生まれて、きいちゃんとして生きてきた。これからもきいちゃんとして生きていくのに、もしここで隠すようなことがあったら、きいちゃんの人生はどんなに淋しいものになるんだろう。この子はこの子でいいんだ、それが素敵なんだということを皆さんの前で話されたのです。

きいちゃんはそのことがあってから、とても明るくなりました。

そして、「私は和裁を習いたい」と言って、和裁を一生の仕事に選んだのです。

「養護教育の道に生きて」山元加津子（石川県立小松瀬領養護学校教諭）

『致知』一九九七年一一月号　特集「一道を拓く」より

これを読んで、私も感銘をうけた。じーんとくる話である。しかし、ただ感動で終わってよいのかということである。この現実の物語性をそもそも成り立たせている背景、その客観的諸条件とはいったい何であるかであり、そのことを私たち自身の問題として捉えなくてもよいのであろうかということである。

問題の所在のひとつは、育ち・学び、大人になっていく過程で障害児と健常児が、障害者と健常者が双方に分離された「空間」、特別支援学校や学級、障害児のための放課後デイサービス事業、これを「地域の缶詰」と私が称する障害者だけを集めた地域通園施設、要するに、このように分離された「空間」が障害者（きいちゃん）を「異邦人」に仕立て上げてしまう。あわせて、障害者（きいちゃん）にはすでに差別や偏見が付着していることにも留意するべきであろう。こうした人間関係のもとに「障害化」されるのである。

二つめの問題は、感動した「あなた」も、実は母親が懸念してきいちゃんを披露宴に出させないようにさせてしまった存在、すなわち披露宴の「客」でありえたのではないかということである。自分自身も、気づかないうちに社会的に排除する側の一員であったかもしれないということである。その自覚が重要なのである。

学生J

この話にふれて、涙もろい私は目頭が熱くなった。しかし、そのあとの「しかし、ただ感動で終わってよいのか」という提起により、私の潤んでいた目は一瞬にして乾いた。障害者の家族の葛藤や家族の心のすれ違いなどが、お姉さんの結婚式ときいちゃんの一生懸命なプレゼントによってお互いに歩み寄るきっかけになったと感じて心動かされていたが、先生がこの話を通して私たちに投げかけているのは、「この現実の物語性をそもそも成り立たせている背景、その客観的諸条件とはいったい何であるか」ということだったのだとわかった時、私のこのきいちゃんの話に対する見方が変わった。たしかに、世間一般として生まれてから育ち、学びながら社会に出ていく中で、障がいがある人とない人で区別され、分け隔てられているからこそ、きいちゃんの話は起きたのであって、もし、社会が人を障害の有無で分け隔てることなく皆が平等に生きられるのであれば、きいちゃんは何も憂うことなく最初からお姉さんの結婚式に出られていたのだ。この分け隔てられた空間や社会が今日の障害者差別へとつながっているのであり、話の中で何度も口にしていたように、差別を無くすためには、障害の有無に関わらず、全ての人間が分け隔てることなく同じ教育や就労の機会が得られるようにすることが必要なのであると私も思う。

また、「感動した『あなた』も、実は母親が懸念していたきいちゃんを披露宴に出させないようにさせてしまった存在、すなわち披露宴の『客』でありえたのではないか」という問いかけは、今後福祉職を目指す私にとって忘れられないものになるだろう。〝感動する〟ということ自体は何も悪いことではないだろうが、この〝感動する〟という行為の中にどのような意味合いが含まれているのか、その背景にも焦点を当てられるような、広い視野を持った支援者になりたい。

第五考　利己的遺伝子から共生の遺伝子へ

一　利己的遺伝子、血縁淘汰、共生の遺伝子

①ドーキンスの利己的遺伝子説

イギリスの天才行動生態学者リチャード・ドーキンスは、『生物の体は、利己的な遺伝子の乗り物であり、遺伝子がコピーを残すための生存機械である』という説を出した。しかしドーキンスの説は、〈人間の性格や行動がすべて遺伝子によって決められており、変えようがない〉という遺伝的決定論とは違うのだが、人間や他の動物のいろんな性質やふるまいは、基本的には、〈自己の利益のみを追求する、冷酷非情の利己的遺伝子（セルフィッシュ・ジーン）の壮絶な戦いを通して進化したものなのだ〉というのがドーキンスの利己的遺伝子説である。

まず、進化論といえば『種の起源』を著したダーウィンから始まる。ここで彼の「自然淘汰説」をおさえておきたい。それを、生存競争の原理に基づいた弱肉強食として一面的に捉え、しかもこれを社会論に持ち込んだマルサスの『人口論』まである。ダーウィンへの誤解が生んだものだ。自然淘汰説では、実は、生物たちが争ったり競争したり、また協調平和の助け合いもしているのである。

ここでドーキンスの利己的遺伝子説を明確にしておくと、「種の保存」のために行動し子を産むのではないということであり、種の保存のために子孫を残すわけでもない。自分の個体の子を産むためだけで、場合によっては子殺しまでもする。すべて「利己的遺伝子」の生き残り戦略である。こうした行動、すなわち「利己的遺伝子」の生き残りのためのたくらみはいたって合理的で効率的である。

たとえば、雄カマキリを食べる一見残酷にみえる雌カマキリにしても、交尾のたびに豪華な食事（虫）をプレゼントしなければならないツマゴロガガンボモドキの雄にしても、その行動はすべて「利己的遺伝子」の合理的な行動に他ならない。

ドーキンスは言う。ミスコピーがおき、突然変異となる。自然環境に適応した「利己的遺伝子」の個体のみが生き延びる。新化（進化ではない）は変化である。

「利己的遺伝子」は個体を通して生き延びようとする。自分の性質（利己的な性質）を受け継ぐ子孫を残すことができるのは、仲間を蹴落としてでも生き残ることができた者だけが結果として次世代の親になるわけだ。

ライオンはプライド（群れ）をつくり、セイウチはハーレムをつくり、ゴリラやチンパンジー、猿などは群れをつくる。雄同士で争い、勝ったものが雌を獲得する。雄は当然「利己的遺伝子」により自分の個体を子孫として残すために、交尾する。ところが子育て中の雌は発情しないから、勝った雄は前の雄の子どもを殺し、雌の発情を早めて交尾する。「利己的遺伝子」が子殺しをするのである。インドのベンガルトラの場合も、同じく子殺しをするのだが、最近の調査によれば半分の子がそれによって殺されるという。

これに対して、人間は子殺しを回避するために、雌（女性）は子育て中もあるいは妊娠中も生殖行動をする。新化したのである。

②ハミルトンの血縁淘汰説

ハミルトンの「血縁淘汰説」はどうか。ドーキンスの「利己的遺伝子説」からみると、例えばミツバチの働き蜂が、スズメバチなどの敵に対して果敢に戦いを挑み命を落とすのは、女王蜂のためであり、単に利己的であれば他者のために命をかけず、逃げるはずである。「血縁淘汰」によって利己的遺伝子もなんなく行動する。

ミツバチの働き蜂も一見「利他的」に見える行動、女王蜂のために働き、命をかけるが、それは「血縁淘汰説」によると理解できる。

③堀の共生の遺伝子説へ

「共生の遺伝子」について先に結論めいたことをいえば、人間は血縁でもないまったくの赤の他人を時には命がけで助けることもある。

ここで私は、大胆な仮説を立てる。他の動物とは違った「共生の遺伝子」が人間にあるのではないかということである。進化論においても生物学においても、人間は動物であるにもかかわらず、もう一つの「新化」の独自の可能性を持ってきたといえるのではないだろうか。「利己的遺伝子」は人間も動物もそれを等しく前提にしながら、そしてその前提の上に立った人間固有の仮設的「共生の遺伝子」が存在しても決して不思議ではないというものである。

さらに付け加えて言えば、安全な木の上から、二足歩行、さらに危険なサバンナに無防備で出ていく。そのような行動をなぜとったかは進化論でも説明がつかないという。問題は道具も武器もそして牙もないまま、肉食獣のいる危険なサバンナで、かつ哺乳類のなかでは体が大きい私たちの祖先はどう身を守り、どんなふうにして食料を確保したかである。他の動物の骨と一緒に発見される祖先の骨について、これまでは祖先がその骨の動物を食べたとされてきたが、同様に肉食獣の餌になっていたのではないかという見解も最近出てきている。肉食獣の餌になったことは充分推察される。道具も武器も持たない弱い動物だから。

そんな彼らを生存させたのは、お互いに支え合う「共に生きる」であった。

動物は基本的に一頭、一匹ででも生存できるが、人間だけはそうはいかない。「共に生きる」以外に生存の保障はない。家族同士、仲間同士、お互いに支えあいながら、危険な肉食獣から身を守ったのである。この時からすでに、「利己的遺伝子」とともに「共生の遺伝子」が人間の存在を決定づけた。DNAに組み込まれていたに相違ない。この「共生の遺伝子」が私の仮設である。要するに、人類は動物の例外者として「共生の遺伝子」を形質として獲得したといえる。

ここでさらに一言加えれば、ロマン主義哲学の一部に「人間は自然に帰れ」という主張があるが、私は「人間の自然に帰れ」という。動物は基本的に子どもを母親が単独で育てるのだが、人間は人間としての進化の中で、単独ではなく協同で子ども・幼児を育てるように進化したのである。動物と違って人間は本来子ども・幼児を協同で育てることしかできない存在に進化した。

脳科学でも最近、そのことが明らかになってきた。だから、私は、子ども・幼児を協同で育てるという「人間の自然」「人間だけがもつ自然」に帰れというのである。

協同こそが人間なのである。人間の本質である。

アフリカにヴァガ族という部族があって、そこでは、母親が森の中へ出かけるときにも残った女たちが皆で子ども・幼児をみる。それが自然の風景になっている。ところがこれに対して、私たちの周りはどうか。核家族の中で、子育て中の母親は孤立し、孤独と不安の中で子育てをしなければならない。また、たとえ保育園や幼稚園があるにしても、零歳児保育が用意されているにしても、相手は職業人としての専門家であり、異動もし、そもそもお互い協同生活の基盤が失われている関係にある。「人間の自然」「協同の自然」が奪われ、崩壊しているのが現代なのである。ちなみに、この場合の子育ての協同が、母親だけでなく男女の協同に社会化されてきたことはいうまでもないが――。

二「共生の遺伝子」の仮説から説へ

『神は妄想である』（早川書房）の中で、ドーキンスは道徳と宗教とは関係なくダーウィン主義の自然淘汰において道徳を説明し、利他的行動もそのように見ている。私も実は、人類が進化の過程で「共生の遺伝子」を形質として獲得し、むしろ道徳律や宗教、政治的スローガン以前にそれを獲得したと仮説を立てたのである。私のこの仮説はおおむねドーキンスの理論とほぼ同じあり、「仮説」から「説」になりうると確信した。ただドーキンスは、ダーウィン主義の自然淘汰における動物行動学の視点から道徳と利他的行動を理論的に説明している。私の場合は、「社会的存在が人間の意識を規定する」という観点から社会的環境論の重要性、つまり利己的遺伝子かあるいは共生の遺伝子のいずれの遺伝子がそれによって出現しやすいかを決定づけ、社会環境、経済構造、および価値論にその既定の根拠を求めているのである。自然科学から社会科学への転換に他ならない。

つまり、それは私の「共生の遺伝子説」において一層明らかになるのだが、利己的遺伝子に支配されることに対するドーキンスの「利己的遺伝子説」に向けられた唯物論者からの批判もその曲解とともに「利己的遺伝子説」と同様にその決定論においてもなんら敵対・矛盾するものではないということでる。あわせてドーキンスを擁護すれば、ダーウィン主義の自然淘汰に基づいた「利己的遺伝子説」が、利他的行動をもたらせる進化の過程を遺伝子伝達と文化伝達、遺伝子とミームの関係にまで高めたことに評価を与えてよいであろう。

それでは、「神は妄想である」に従って、ドーキンスのダーウィン主義の自然淘汰とその進化における「利己的」から「利他的」の理論展開を検証してみたい。

「ダーウィン主義の論理によれば自然淘汰の篩《ふるい》の目をくぐって生きのび伝えられる。生命の階層秩序における特定の単位が利己的な傾向をもっていることになる。世界の中で生き残る単位とは、この階層秩序のなかで、自分と同じレベルにいるライヴァルを犠牲にして生きのびることに成功したものである。厳密にはそれこそが、この文脈で利己的という言葉が意味するものである。問題は、その作用の舞台となるレベルはどこか、ということだ。力点を正しく、後ろのほうの単語（遺伝子）に置いた、利己的な遺伝子という考えの趣旨は、自然淘汰の単位（つまり利己主義の単位）は利己的な個体ではなく、利己的な集団でも、利己的な種でも、あるいは利己的な生態系でもなく、利己的な遺伝だということにある。情報という形で、多数の世代にわたって生き残るか、残らないかというのは遺伝子なのである。」

ドーキンスは利己的遺伝子の存在様式をこのように説明し、個体は利己的遺伝子の乗り物で、生きのびるための戦略にすぎないとしている。しかし同時に、

「一見したところ、進化は自然淘汰によって推進されるというダーウィン主義の考え方は、私たちがもっている善良さ、あるいは道徳心・礼節・共感・憐れみといった感情を説明するのには適していないように思える。空腹感・恐怖・性欲についてなら、自然淘汰でたやすく説明できる。すべて、私たちの遺伝子の生き残りないし存続に直接貢献するからである。しかし泣いている孤児、孤独に絶望した年老いた寡婦、あるいは苦痛にすすり泣く動物を見たときに私たちが感じる、胸が痛むような思いやりの気持ちについてはどうだろう

か？」

と、ドーキンスは問う。更に続けて、「善良さは、『利己的な遺伝子』説とは両立しえないのではないのか？」そしてその後すぐ「いや違う、これはこの理論についてよく見られる誤解」と答えている。

人間は血縁の小さな集団ごとに群れをつくり、その意味ではハミルトンの血縁淘汰説に立って、そしてその後集団と集団の関係が利他的な行動をも生み出して進化してきたと、ドーキンスは理論づけるのである。それは次のように説明できる。

「ふつう、この遺伝子の利己主義は個体の行動における利己主義を生み出す。しかし、いずれ述べるように、遺伝子が個体レベルにある限られた形の利他主義を助長することによって、もっとよく自分自身の利己的な目標を達成できるような特別な状況も存在するのである。」

（ドーキンス著『利己的な遺伝子』紀伊国屋書店
書評ピーター・メグワー卿「公共の利益のために」）

本論考に関連して重要な点は、ダーウィン主義にもとづくまっとうな理由が四つできたことになる。第一に、遺伝的な血縁という特別な場合がある。第二に、互恵性、すなわち与えられた恩恵への恩返しと、お返しを「予測した」上で恩恵を与えることがある。これから派生する第三のもの、すなわち気前よく親切であるという評判を獲得することのダーウィン主義的な利益がある。そして第四に、もしザハヴィが正しければ、誤魔化しようなく認証されたる広告効果を得る手段としてのこれ見よがしな気前のよさにより得られる特別な付加利益がある。

「先史時代のほとんどを通じて、人類は四種類の利他行動のすべての進化を強く助長したと思われる条件のもとで暮らしていた。（中略）私たちの群れのメンバーのほとんどは血縁者で、他の群れのメンバーに比べてより近縁であっただろう――血縁淘汰が進化する機会はたっぷりあった。そして、血縁であろうとなかろうと、私たちは一生を通じて、同じ人間に何度も繰り返し出会うことになっただろう――互恵的利他主義の進化にとって理想的な条件である。」

として、功利主義に向かう遺伝的傾向が初期人類において推進されたとみている。

このように、ドーキンスは、ダーウィン主義に基づく人類の進化、利己的から利他的への進化が理論的になんら矛盾するものでないことを明らかにした。それが私の「利己的遺伝子説」、「血縁淘汰説」、「共生の遺伝子説」の進化の過程なのである。

ドーキンスがダーウィン主義における淘汰から「利他性」を導きだしたことについて、私の場合、人類が進化の過程で獲得した「共生の遺伝子」が、社会環境によって「利己的」か「共生」かのいずれの遺伝子が出現しやすいかという、自然科学から社会科学への環境決定論への道をひらいたのである。その「共生の遺伝子説」を基礎にして、倫理的正義と道徳に信頼を置き、交換様式における贈与と互酬性の連帯経済、共生社会・主義経済を創造することに基づくのである。

第六考　労働力交換論と経済社会学

一　オーエンとポランニーの労働の等価交換論

丸山武士著『オーエンのユートピアと共生社会』（ミネルヴァ書房）から紹介するとしよう。ロバート・オーエンは、一八二五年から「ニュー・ハーモニー村」のユートピア建設に取り組んだが、三年後に挫折した。その挫折の原因はいくつもあるが、ここでは本論考に関連した問題を取り上げる。

一八二六年一月二六日には、平等の共同体のための「ニュー・ハーモニー平等共同体」の憲法草案作りに入った。二月五日に新憲法が制定され、平等の共同体が設立された。

憲法は、共同所有の原理に基づく平等の共同体への帰属を促し、私有財産制度、個人主義、自由競争などを否定し、共同と人々の福祉を実現することを宣言している。ところがその直後から多くの問題が整理できず、対立と分裂を引き起こした。

オーエンと行動を共にしたマクロアは、一八二六年五月一七日、このような危機の中で個人の労働の質や能力の相違を考慮しないことに問題の原因があるとして、提案を行った。

「現行の制度は、各人の労働時間を記録する個人的記録を作り、それに応じて消費物品を引き出すことができるというものだが、各人の労働の質や能力を判断することがむずかしい。ある人の一時間の労働の方が他の人の四時間労働よりも多くのことを行う場合があるように、現行では不平等が生じている。（中略）各部門か職業は共同村に必要な生産量に応じて、各人の労働量を調整し、生産すべき総量を決めるべきである。」

この提案に対して、オーエンは前向きに受け入れた。その後のオーエンの労働評価をうかがうと、ウィリアム・モリス、E・B・バックスの共著『社会主義』によると、「一八三二年には、（ロンドン中心部の）グレイズ・イン通りに、労働と労働が等価で交換できる交換所を設立」とある。オーエンのこの労働の等価交換については、実は、ポランニーも同様の見解をもっている。たしかに常識からみても、あるいは批判者の主役が実質的な「不等価交換」であるから、少なくとも等価交換にするのが妥当かつ正当性をもつのが当然であろう。ところが、労働現場における労働の人間的不等価交換を理念として実践することは事実上困難といわざるをえない。そのことの問題性が、等価の分配なのか、それとも贈与の関係なのかということにもつながる。

二　健常者と市民社会と労働力商品化を止揚して

我ら障害者は
社会的弱者・サバルタンである
しかし
それだからこそ
我ら障害者は
社会を変える
社会変革の主体者でもある

障害者は人類史を通して疎外された存在ではあったが、しかしそれも一時的には畏怖の念をもって「神」的に崇められた例外的存在でもあった。

ところが近代資本主義以降の社会にあっては、イギリスの救貧法、ドイツのワイマール憲法、そしてそれらを経てさらに福祉国家において生存権保障の下にその存在は、人権の観点から救済政策の対象になった。今日では特に先進諸国にあって一般的に福祉と社会保障の政策対象にまで至った。しかしながらその一方で、生産局面と消費局面、生産手段と生産者の分離、したがって労働力商品化の経済社会においては、共同体から家族が、その家族から個人が分離・アトム化され、そのため、障害者の存在は格差と排除の周辺に追いやられて、つまり現代社会は、「社会が『人』を障害化する」社会であると定義づけることもできよう。

以上のことを念頭に、健常者社会と労働力商品化の止揚の観点から、本論考をまとめてみたい。ちなみに、本論考の殆どはすでに執筆した拙著の中からそのエッセンスをまとめたものである。

1「共民社会」へのイマジン

私が四十数年来障害者問題に取り組んできたのは、自身が障害者だからというのではなく、むしろ障害者「問題」にはまってしまったからである。そこには人間の、社会の本質が見え隠れしている。

こうした私の問題意識は当然現代社会に向けられる。資本主義はもとより、社会主義にもである。そこから、資本主義も国家社会主義ももはや行き詰まりをみせている世界史的閉塞状況の中にあって、しかし今なおそれらにとってかわるオルタナティブな社会システムが見いだせていないのが現状である。I・ウォーラーステインが『近代世界システムⅣ』の中で指摘しているように、資本主義が行き詰まりを見せていてもいまだ新しい世界システムが見いだせていないとしているのも、その通りである。

そこで国家社会主義にとってかわるのが、私の言うところの「共生社会・主義」である。その経済は当面「社会連帯経済」ということになる。なぜなら、国民経済は公的部門、民間部門、そして社会連帯経済の三部門から成り立っているからである。社会的企業育成法や協同組合基本法を制定している韓国では、国民経済を政府部門、民間部門、社会的経済の三部門という見解を示している。また、一九七九年に始まったホメイニのイラン革命では、『資本論』の影響を受けたバキールデュ・サドルの『イスラーム経済論』（原本『われわれの経済』）を基礎にした財政経済について憲法第四四条には、「イラン・イスラム共和国経済は、公的部門、私的部門および共同部門の各部門を基礎に置く」となっている。

しかも、イスラム経済は市場をウンマ（共同体）の中に埋め込むとし、カール・ポランニーは離床した市場を社会に取り戻すとしている。いわば、市場（等価交換）と非市場を組み合わせた経済ということになるのではなかろうか。だから、肝要は、GDPベースでどれだけ社会連帯経済の部門を押し上げることができるかにかかっている。日本ではヨーロッパなどと比べて社会連帯経済はまだまだ認知度も低く、残念ながら市民権を得ているとは到底言い難い。

さらには、アントニオ・グラムシの政治社会の市民社会への再吸収であり、またポランニーが「マルクスにおける『ある』と『あるべき』」の中で次のように述べている。

「マルクスが『市民的』の代わりに『人間的』社会を望む……」

「マルクスの全著作は、人間が人間になることを許さない市民社会に対する唯一の有罪判決であった。資本主義経済とその法則に対する彼の批判は、市民的世界の一断面に即してその本質的な品位のなさ、その非人間性を証明しようとする唯一の試みであった。」

「法則が全ての個々人の生活を支配する社会状態には、自由が欠けている。」

「労働者だけでなく資本家も、マルクスが見たように市場法則に隷属しており……」。

（『市場社会と人間の自由』大月書店）

つまり、私が言うところの市民社会に代わる「共民社会」、市民に代わる「共民」である。近代ブルジョア資本主義の下で生成・発展してきた市民社会は、それをアウフヘーベンした「共民社会」にとって変わるのである。概念的イノベーションである。世界史は市民社会から「共民社会」にとって変わるであろう。ただし、経済法則の廃止と労働力商品化の止揚が、必要十分条件とならなければならない。ちなみに、資本主義から社会主義への歴史的移行が必然ではないように、市民社会から「共民社会」への移行もまた同様に必然を意味するものではない。

いずれにせよ、障害者は、すなわち、人間解放の最後の存在者・サバルタンであるといえる。「共民社会」とは、非人間的不等価交換の資本主義的経済システムから、そして実質的等価交換の経済、さらに人間的不等価交換の経済社会のことであって、それによって障害者は初めて人間として解放される。その時、平等がなぜ等価交換でなければならないのかが問われる。純粋贈与、純粋共生、「共民社会」は形式的不平等の人間的不等価交換でなければならないことになろう。

２　労働包摂型社会的企業、すなわち社会的事業所

社会的事業所を英語でどう表記するか、時々聞かれることがある。社会的事業所を、一般的にソーシャルエンタープライズ（社会的企業）、ソーシャルファーム（社会的企業）と表記しても必ずしも正確ではなく、また、社会的企業の一分野であるＷＩＳＥ（ワーク・インテグレーション・ソーシャルエンタープライズ）といってもなかなか的を射ない。

それではそれをどう表記し、社会的事業所をその概念に即してより的確にどう表現すればよいのかということになる。ちなみに日本語でも、私は「共働・社会的事業所」と表記することもある。そこで、先ず、『社会的企業への新しい見方』（ミネルヴァ書房　二〇一七年五月）を参考にしたい。

この本は、東大の大学院の修士論文で名古屋のわっぱの会を調査研究した米澤旦氏（明治学

院大学准教授）が、その後も共同連とのかかわりを持ちながら更に研究を進め、サードセクター論、社会的企業の概念整理をする中、WISEを「労働統合型社会的企業」としてそれを「支援型」と「連帯型」に定義づけ、社会的事業所を連帯型としたのである。

支援型には「風の村」の「ユニバーサル就労」が定義づけられている。私は、きょうされんも支援型とみている。というのも、作業所の職員が、利用者である障害者（仲間たち）を制度通りに支援しているからである。

これに対して現行の制度はともかく、共同連がめざしている社会的事業所は、障害（社会的排除）がある人ない人が対等平等に自らの労働能力に応じて働き、賃金ではなく「分配金」としている。それはいうまでもなく、支援する・される関係をアウフヘーベン（止揚）した「共働」そのものである。これがまさに連帯型であり、就労を通したソーシャルインクルージョン、コミュニティインクルージョンの実現である。

米澤氏がいうこの連帯型を私なりにもう少し短絡化し、英語の表記を簡潔にすると、「労働包摂型社会的企業」すなわち「ワーク・インクルージョン・ソーシャルエンタープライズ」ということになるのだが、インテグレーションの「I」を、インクルージョンの「I」に書き改めた。労働統合型のWISEから労働包摂型のWISE、すなわち社会的事業所となる。

一九九四年の「サラマンカ宣言」では、インテグレーション（統合）の限界を乗り越えてインクルージョン（包摂）とした。概念を発展させたのである。障害者権利条約でもインクルージョン（包摂）、ただし外務省では「包容」と訳している。

ちなみに、私は、インテグレーション（統合）とインクルージョン（包摂）の関係を比喩として次のように説明する。化学反応でいえば、「統合」は砂糖と水をまぜた砂糖水（混合）、これに対して「包摂」は $H_2 + O = H_2O$（化合）となり、質的変化、すなわち社会的変化である。健常者は健常者のままではいられない。健常者も変わらなければならない。ましてや、障害者の健常者化ではない。社会変革である。

※共働・社会的事業所の七原則

1　形態　　福祉制度は法の対象となる障害者だけにサービスを行い、就労の「場」一ヶ所に障害者だけを集め、その対象者に対して少数の職員が支援するサービス形態となっている。これに対して社会的事業所は、社会的に排除された人を三〇％以上含みそうでない人と共に働くという構成員の「形態」。

2　寛容性　　労働はそれぞれの能力と特性に応じ、かつ事業の役割において働く相互の「寛容性」。

3　対等性　　民間企業では人間関係が上下の縦型、福祉施設では職員と利用者の関係となっている。これに対し、共働は相互に対等平等な横型の人間関係に置かれる「対等性」。

4　制度　必要経費等以外の純収益を、それぞれの生活の実態と状況にあわせて分配する分配金「制度」。

5　保障　事業所に働く者すべてが労働者性を確保した身分として労働法制の適用を受ける「保障」。

6　民主制　事業所の運営は原則全員参画を前提にした「民主制」。

7　戦略　公的および社会的支援を受けつつも、可能な限り補助金や寄付に頼らない事業収益を確保するための経営「戦略」。

※社会的事業所に関する社会原論

社会的事業所に関連して三つの社会様式について提言すれば、社会参加、社会統合、社会包摂の三段階論となる。それは一般就労としての社会参加、就労支援としての社会統合、そして社会連帯としての社会包摂である。なかでも、社会包摂は、社会参加と社会統合をアウフヘーベン（止揚）した社会様式である。

アウフヘーベンとは、ヘーゲル哲学の弁証法論理学であって、「否定の否定」、すなわち参加と統合を止揚した概念である。つまり、社会包摂は普遍性を獲得し、社会総体が高次元のレベルにまで達することを意味する。したがって、現段階における現状分析としては、社会的包摂としての社会的事業所の存在は例外的、特殊的な異端者にならざるをえない。それを絶えざる社会変革により普遍性にまで高め、もって、普遍主義の地位を獲得するための運動であるとも言い換えることができる。

それらを意味するのは、経済学において、労働の形式的等価交換・実質的不等価交換、労働の実質的等価交換・等労働量交換であり、そして労働の人間的不等価交換・不等労働量交換である。すなわち、それは、「否定の否定」の弁証法によって社会参加、社会統合、社会包摂という社会様式の発展的三段階論であることに他ならない。

仕事に障害者を合わせるのではなく、障害者に仕事を！

新聞を破ろう　―私が出会った少年、H君へ

目を細めて

「精薄児」と呼ばれても

少年はきっと
彼らを
「超人」とも「賢者」ともよばないだろう
少年は新聞を破ることが好きな
「精薄児」ではない
少年は新聞を破ることが好きな
「超人」ではない
少年は新聞を破ることが好きな
少年である
新聞は
印刷されて
配達されて
読まれて
破られて
一生を終える
新聞は「超人」も「精薄児」も意識しない

少年よ
きみが好きな
新聞を破ることは
職業ではない
けれども少年よ
それを職業に変えることはできる！
もし彼らが「超人」や「賢者」であるなら

だから少年よ
それまで
彼らが成長するまで
新聞を破いていよう

この詩は、一九七九年に三一書房から出版した『障害者と職業選択』に掲載したものである。

当時、私は都立城南養護学校のスクールバスの添乗員をし、そこで出会った重度の知的・身体障害の中学部二年生、新聞を破るのが好きな少年についての詩である。

また、アメリカの地方都市のことで最近聞いた話であるが、はさみで紙を切ることが好きな知的障害者（自閉症）の青年がいて、彼が、コミュニティマガジンの残部処理の仕事としてはさみで切って、それで賃金をもらっているというのである。

五年ほど前、私は、第四回アジア障害者就労国際交流大会で台湾に行った際、庇護工場・社会的企業を運営している勝利財団が新北市で経営しているファミリーマートを訪ねた。従業員は一六人のうち九人が障害者で、品物を運んだり陳列するのは知的、精神障害者、レジ等は身体、聴覚障害者であった。

ところで私が驚いたのは、店に入るとすぐ、女の人が大きな声で話しかけてきた。中国語なので何を言っているかわからなかったが、それは接客挨拶であるという。説明によると、中度の知的障害をもつ女性であった。それがどれほど売り上げに貢献するかはわからないが、勝利財団ではそうしているのである。

経済は何のために？　経済のための人間なのか、それとも人間のための経済なのか。カントは、人間は手段であると同時に目的である、と説いている。

3 資本主義も国家社会主義も超えて

「理論と実践の統一」ということがしばしば言われるが、しかしその両者を安易に統一するのは合成の誤謬を招きかねない。実践（現実）が理論（原理）にあまりにも引きずられると原理主義に陥り、逆に、理論が実践に引き寄せられてしまうと現状主義に流される。だから、理論と実践はひとまず切り離して考えるのが賢明であろう。と言って、理論と実践の根本的関係の関係性を見誤り、同時に、国家社会主義がなぜ資本主義を乗り超えることができなかったかは、資本主義経済の原理とその矛盾を本質的に理解できなかった証左でもある。

たとえば、スターリンは『ソ同盟における社会主義の経済的諸問題』の中で、社会主義の建設にあたって、経済法則を自然法則とみなしてそれを利用することができると主張した。これに対して、宇野弘蔵は、生活全般に共通の経済原則と商品経済に特有な経済法則を混同し、社会主義にも経済法則を適用できるとしたスターリンを批判した。経済原則と経済法則の差異を理解できなかったといえる。

こうした基本認識から私たちの障害者問題とその運動を分析してみると、少なくとも次のことが言える。

ソ連などの社会主義諸国家が後進国革命であったために歴史的現実と歴史的限界の下で、残念ながら西洋の民主主義、基本的人権、そして市民社会の成熟を経ないままに今日に至ってしまったということである。そのことが、障害者の人権や労働を軽視する結果につながったと言わざるをえない。私たちの障害者運動は欧米から多く学ぶことがあっても、社会主義圏からは学ぶものは殆どなかった。日本の障害者運動もそこに関心を持たなかったといってよいであろう。

そのようなことをこんなふうに言い換えることができる。障害者権利条約が国連で審議されていた際、世界の障害者たちは、「私たちのことを私たち抜きに決めないで（Nothing about us, without us）」と言った。だから、「社会主義のことを障害者抜きに決めないで」と私は言いたいのである。

さて、ここで、重度障害者の「労働」について簡単に述べておきたい。それは、私が、そして私が代表を務める共同連が「労働」を重視・強調しすぎているのではないかという指摘、あるいは、労働に参加できない重度障害者の存在を「否定」してしまっているのではないかという批判である。確かにそのような誤解を与えているかもしれない。

重度の障害者は「生きている」「存在している」、それだけで十分価値なのだ、あるがままに「存在」することにこそ価値があるというもので、それはそれで至極当然である。が、ただ、それは労働観というものを人間の本質的存在様式の文脈においてどう理解するかにかかっている。つまり、人間が創っている社会がどうあるべきかに言い換えることもできよう。

「働かざる者は食うべからず」と初めて言ったのはレーニンだと誤解されているが、それはそれとしてその言葉はブルジョアジーに向けられたものである。本当は、それはルッターの考えからでたものである。その意味は、マックス・ウェーバーの『プロテスタンティズムの倫理と資本主義の精神』に書かれている。エイトスとしての職業労働は、また安藤昌益の「直耕」にも通底している。昌益がなぜ仏教を批判して無神論の立場から僧侶を批判したかは、農民の「直耕」すなわち労働に価値を見出したからに他ならない。ただ未来に宿題として残された不確実性の問題は、生産労働、サービス労働、知的精神労働（専門職）の変遷過程において、肉体労働と知的精神労働の価値評価をどうみるかにかかっていると言える。

その上で、レーニンの誤解された言葉通りの「働かざる者は食うべからず」というのではなく、人間と労働との本質的関係性を、私は問いたいのである。当然今の資本主義あるいは国家社会主義の下では「働けない」、また働くことが「困難」な存在、それを問うている。換言すれば、経済社会のあり方を問うている。社会が「人」を障害化するというのは、そういう意味である。

そのことは取りも直さず、資本主義という経済が歴史的にはいたって特殊な経済であって、雇用（賃金）労働を原理としている。雇用労働とは、簡単に言って、所有関係において生産者（労働者）と生産手段が分離された状態で、労働力が民法上の契約に基づいて売買されることである。つまり、形式的にもかつ社会的にも経営者と労働者が対等平等な立場の関係にあって、労働力が「商品」化される。経営者は、労働者の労働力を買い、労働者は自らの労働力を経営者に売る。このような労働力商品化の下では、労働者には搾取は経験的に認識できない。なぜなら、一日八時間労働の中で必要労働（賃金に相当する額）と剰余労働（賃金以外の利潤等の額）の区別がわからないからであり、剰余労働が剰余価値として利潤に転化することなど、まさに経験的には理解できないからである。要するに、八時間を契約通り必要労働の賃金額と見なしてしまうからである。いずれにしても、本来商品にはなじまない人間労働を「商品」にしてしまう、特殊な「商品」にしてしまう。それが歴史的に特殊な経済であるということである。ちなみに、奴隷は「身体」そのものが商品にされてしまった。

以上のことを障害者の労働問題に即して言えば、雇用労働の労働力とは「健常者の平均的労働能力」「社会的平均労働量」であって、また「等労働量交換」ということになる。したがって、重度の障害者が雇用の対象にならないのも、推して知るべしである。ゆえに、労働力の商品化の止揚が問われることになる。だからこそ、障害者の労働を社会の中に埋め込む、ワーク・インクルージョンが必要となる。

誤解のないように繰り返すと、障害者は「働かなくてもいい」という声は否定しない。それもまた現実社会に対抗する意味で一つの真理だからである。ただ、小林秀雄が、今の若い者は世を捨てたというが、そう言っている前にすでに世の中から捨てられているのだ、とどこかに書いていた。これは興味深い指摘である。私は、だから、「働かなくてもいい」という声は労働者のストライキと同じ意味と理解する。

以上の私の考えは、死んだマルクス主義ではなく、生きたマルクス学だと思っている。

三　労働力商品化を止揚した社会的共同組合のレゾンデートル

障害者生産協同組合の試み

一九八七年に「ハリ・マッサージユニオン」を立ち上げ、理事長に私がなった。周知のようにこのような生産協同組合には法律上の制度はなく、従ってみなし法人ということにならざるを得ず、実際には法制度上個人事業主であり、経営の安定から障害者雇用促進法制度を活用することにした。

マッサージユニオンの発足にあたっては直接ユニオンで働く者だけではなく、理解ある一般の方々にも組合員になっていただき、それぞれ何口かの組合費を払っていただいた。実はこの私も鍼・灸・マッサージの免許は持っておらず、理事長の役職にのみ従事した。その意味では、きわめて変則的な生産協同組合であった。

そもそもなぜこのような変則的な協同組合「マッサージユニオン」を立ち上げることに至ったかというと、それにはまず、視覚障害者が置かれている鍼・灸・マッサージ業の厳しい現状があった。戦前は盲人のことを「あんまさん」というほどに、あんま、マッサージの仕事はほとんど盲人の担い手で占められていたが、近年は特に晴眼者（健常者）の業界への進出が激しく、むしろ今や盲人の方が少数派になってしまった。ましてや、あんまマッサージに比べて鍼・灸の方がなおさら厳しい状況である。こうした現状から、以前より「業権擁護」という運動スローガンがあった。

それに加え、鍼・マッサージの治療院は一人職場であり、治療院に来るのも当然患者、しかも患者が来るのをひたすら一日中一人で待つ、経営も一人経営である。そのような事情からとかく治療院を経営する視覚障害者は孤立しがちで、人間関係もせいぜい同業者または盲界（盲人世界）であって、かつ、盲学校時代の同窓生の仲間が多い。このような「盲界」を、塀のない施設と私は呼んでいる。

あるいは、別な事情もある。かつて私たちの先輩たちが独自に切り開いてきた「産業マッサージ」という分野がある。これは当初、バスやタクシーの運転手に対してその疲労からの健康管理・増進のためのマッサージ治療を目的にしたものであって、当然その後他の業種にも広げていこうとするものであったが、現実はなかなか厳しく、企業の側も「産業マッサージ師」を積極的に雇おうとはしなかった。残念ながら職場開拓とはならなかった。

そこでマッサージユニオンとして考えついたのが、企業・職場に「産業マッサージ師（鍼・マッサージの治療師）」を雇用ではなく派遣・出張させる方法であった。このような試みは決して個人の治療院ではできず、やはりマッサージユニオンという協同組合組織だからこそそれが可能になる。

いずれにせよ、障害者生産協同組合ハリ・マッサージユニオンとしては、協同の力と智慧で物事を前向きに解決し、こうして協同組合ならではの治療センターや鍼・マッサージ師の職場派遣・出張治療を実現して、新たな地平を切り開こうとしたのである。それが障害者と協同組合の初めての試みであった。

その際、障害者生産協同組合というものについては、当時横浜市にあったワーカーズ・コレクティブの「人人（にんじん）」から多くのことを学ばせてもらい、また当時出版されていた石見尚著『日本のワーカーズ・コレクティブ』を読んで勉強した。それが一九八七年の「障害者生産協同組合ハリ・マッサージユニオン」であった。

職業選択の自由と障害者の労働者性

これより先立ち、七五年には「視覚障害者労働問題協議会（視労協）」を結成し、私がその代表についた。この視労協という運動団体の目的は、視覚障害者を地方公務員、および普通学校の教員に採用させることであった。

運動の成果としては一九七六年以来毎年東京都に専門職としての特別枠「福祉指導職C」を一人ずつ採用させることができた。合わせて特別区の品川区にも二人の職員を採用させることとなった。

一九七五年には当初特別区人事委員会は任命権者からの「盲人採用がない」として点字受験を行わなかった。確かに「採用のないところに試験は行えない」としても、一般的な受験要綱に反して「盲人」という限定枠を設けることの不当性、権利侵害、障害者差別に抗議した。点字受験はこの時実施されなかった。

また同時に、首都圏の教育委員会に対して普通学校の教員採用の点字受験を認めさせることには成功した。というのも、一般公務員のそれは「採用」であって、教員の場合は名簿登載のための「競争」試験であったからである。

ところが後になってわかった事実は、採用の際の内規に「視力〇・七以上」という要件があったことである。うがった見方をすれば、それでおそらくペーパー試験の段階で皆「不合格」にさせられていたのではないかということである。ただ唯一埼玉県教育委員会が実施した点字受験では、一次試験の点訳ミスのトラブル問題を検証するなか、最初の不合格通知が取り消されて今度は合格通知が送付された。しかしながら、二次試験の面接と身体検査では不合格にされた。こんな奇異な事例もあったのである。

このように採用試験に私たちがこだわるのも、憲法に保障されている「職業選択の自由」の権利の問題である。もちろん鍼・灸・マッサージという治療は優れた医療行為であるが、しかし私たち視覚障害者にはこの仕事しかほとんどなく、実質上職業選択権が保障されていないことだった。

この現実的閉塞状況を突破するのが、つまり突破口として公務員および普通学校の教員採用への運動であった。私たちのこの運動に対してエリート主義という一部の批判の声もあったことは事実だが、しかしながら現実を現実的に切り拓いて突破していくのは矛盾を抱えた、そして矛盾を乗り越えていく運動に他ならないと確信する。この運動の経緯については『障害者と職業選択——視覚障害者の場合』(三一書房一九七九年)にまとめてあるので、ぜひご一読願いたい。

さて、視労協結成の際には規約に「障害者の労働者性の確立」と明記した。それは、それが単なる「雇用保障・就労運動」を意味するものでないからである。労働問題である。

運動をする中でいやというほど印象付けられ経験したのは、公務員ゆえに「定数」の問題であった。「定数一」とは「一人」、その「定数一」の「一人」はいうまでもなく「健常者」を想定している。盲人ではない。

「定数一」「一人」とは、たとえその労働が使用価値・職業選択としての有用労働（専門職を含む）と抽象的人間労働であるにしても、健常者の平均的労働能力、または社会的平均労働量とみてとることができよう。それゆえに、決して健常者の平均的労働能力「以下」の、社会的平均的労働量「以下」ではなく、従って重度障害者のそれではない。

このような場合それを不当と見るか、それとも当然とみるか。それは科学としての経済学とイデオロギーの関係にまで踏み込むこととなる。つまり、科学としての経済学とそのイデオロギー、要するに資本主義的イデオロギーを超えた未来形としてのイデオロギーをいかにどう獲得するかにも関わってくる。その問題提起の一つが社会的共同組合、すなわち、資本主義を超えた社会モデルが国家社会主義（国営企業）ではなく、むしろ「協同組合社会主義」という提案さえある。

いずれにしろ現状分析において少なくともいえることは、憲法に保障された生存権や労働権を理念としてそれを武器に戦うのは自明のことであって、労働力までも商品化した近代資本主義以降の現代社会において市場を前提とする基本的人権、自由、平等、そして友愛に私たちがどこまで信頼をおくことができるのかである。言い換えれば、科学としての経済学にどこまで分析を深めることができるのかである。科学としての経済学を軽視した表層的な理想理念に留まってはならない。

その現実を次の事例から読み解くことができよう。

資本の論理　人格化された人事課長と父親の立場

ある障害者が何度面接を受けても落とされる。「あなたみたいな人はどこの会社も雇わない」と言われたケースはどうか。その責任はどこにあるのか、誰にあるのか、面接をした会社役員か（実はこの会社役員には重度障害者の子どもがいて、この人事役員である「父親」も我が子の就労を望んでいるのだが）、それとも面接を受けた障害者本人に問題があるのか。

いかにやさしい良心的な人間であろうとも、資本家（経営者）は利潤追求を目的にした資本の論理の人格化にすぎないのであるから、彼にそうさせたのも彼自身の人間性の問題ではない。それは、資本の物象の人格化であり、人格の物象化なのである。商品生産を目的にした労働にあっては、商品の生産に対する健常者の平均的労働能力が前提条件となる。個人的労働が問題なのだ。ところが、それは社会主義でも同様に、個人的労働が個人を単位とする限り問題となる。

ソ連では盲人工場やろうあ者のための工場があったというが、その他の多くの障害者が労働力に動員されたとは聞いていない。搾取があろうとなかろうと、搾取からの解放がなされようとなされまいと、結局、個人的労働を個人の単位にする限りは同じ程度の結果しか招かない。

労働、労働力、労働力商品化

障害者は残念ながら搾取の対象にはならない。重度障害者は、すなわち健常者の平均的労働能力以下、社会的平均労働量以下である。障害者の労働力は商品として不良品である。だから、私たちはまず搾取の構造から分析を始め、それを正しく理解しなければならない。

アダム・スミスの労働価値説を継承しながら、マルクスは古典派経済学の「謎」を解く。マルクスは、労働価値説としての労働、人間の力能としての労働力、そして資本主義的生産過程としての労働力商品化、つまり労働、労働力、労働力商品化というように労働概念を批判的に発展させた。これが科学としての経済学の基礎である。労働の三段階論といえる。スミス、古典派経済学と決定的に違うところである。

それでは次に、必要労働、剰余労働、剰余価値、そして利潤についてその「謎」を概観してみよう。

搾取は労働者には経験的に理解できない

資本主義という経済が歴史的にはいたって特殊な経済であって、雇用（賃金）労働を原理としている。雇用労働とは、簡単に言って、所有関係において生産者（労働者）と生産手段が分離された状態で、労働力が民法上の契約に基づいて売買されることである。つまり、形式的にもかつ社会的にも経営者と労働者が対等平等な立場の関係にあって、労働力が「商品」化される。経営者は、労働者の労働力を買い、労働者は自らの労働力を経営者に売る。このような労働力商品化の下では、労働者は搾取を経験的に認識できない。なぜなら、一日八時間労働の中で必要労働（賃金に相当する額）と剰余労働（賃金以外の利潤等の額）の区別がわからないからであり、剰余労働が剰余価値として利潤にも転化することなど、まさに経験的には理解できない。要するに、八時間を契約通り必要労働の賃金額とみなしてしまうからである。いずれにしても、本来商品にはなじまない人間労働を「商品」にしてしまう、特殊な「商品」にしてしまう。それが歴史的に特殊な経済であるということである。ちなみに、奴隷は「身体」そのものが商品にされてしまい、農奴は外部から年貢として収奪された。

また合わせて言えることは、資本主義的市場経済の下では生産物は全て商品であり、商品の為に生産するのであって、その商品を購買することにより利潤をあげる。労働力という特殊な商品は労働者がその労働力を商品として資本家に売る際にはそうはならず、必要労働（生活手段の再生産)、剰余労働、剰余価値として搾取の構造によって、かつ実質的不等価交換によって損失を被る。このような非人間的な形式的等価交換は実質的不等価交換であり、生産過程を通して労働者は特殊な労働力商品化のために不当かつ不合理な交換論を余儀なくされる。だから、まず、労働力商品化の経済から人間復権のための脱却が何よりも求められる。

すなわち、労働力商品化の働き方はイギリスの古いことわざ「工場の門の前までは民主主義はあるが、工場の門の中には民主主義はない」と。

社会的共同組合、社会的企業、社会的事業所、だから今こそ！

形式的等価交換から実質的等価交換　そしてさらに人間的不等価交換へ

平等がなぜ等価交換であって、人間的不等価交換であってはならないのか？　高次元の人間的不等価交換のあるべき平等主義は到達できないのか、それは「夢」なのか、遠い未来においても不可能なのか？

だが現代においていみじくも言えることは、新自由主義の下では無理であるが、社会全体の交換論からいって所得再分配機能もまた形を変えた人間的不等価交換の一種の平等主義といってよいのではなかろうか。

それに対して、形式的等価交換の平等主義は歴史的にいえばロックの自然法から始まるといってよく、それは封建制身分社会への批判における萌芽といってよい。身分制社会の制約からの解放でもある。

歴史を遡って批判することには何の意味もないが、しかし近代資本主義の市場経済とその上部構造である市民社会を批判することには大いに意味がある。その上で、近代認識論とイギリスの経験論の創始者であるロックをここでは取り上げる。

ロックは、自然法の支配の下に各個人が生命、自由、所有物に対する自然権としての平等を説く。それにより、ロックは、自由で平等な個人の契約に基づく国家論を提唱することとなる。こうした思想は近代市民社会の理論的基礎を成すといえる。

この思想の拠り所は、実は、人間は生まれながらに自由かつ平等であり、この近代市民社会の人間像は誰もが生まれながらに等しく均質・均等な能力を持っていることを前提にし、したがって障害（能力）という属性はこの人間像、人間観からは捨象されてしまう。しかも今日的にさらに付け加えれば、新自由主義的グローバル経済社会にあっては「格差」は自己責任論とされる。もちろんいうまでもなく、ワイマール憲法の「生存権」を参考にした日本国憲法第二五条の「生存権保障」（ＧＨＱの憲法草案にはなかった）の現実的政策を必ずしも否定するものではない。

いずれにせよ、近代資本主義を歴史的に否定し批判するものではない。そうではなくて、近代資本主義の延長線上に未だにそれを引きずったままの「現代」が存在しているという批判である。そのことはとりもなおさず、その本質的矛盾が障害者の「存在」を通して現代そして未来が見えてくる。

この形式的等価交換論すなわち平等主義も、資本主義的生産過程における交換過程とみることができる。このような形式的等価交換だから、いうまでもなく労働者には経験的に搾取を認識することができない。このような搾取の構造を実質的不等価交換とはみることができず、形式的等価交換の平等主義として受け止めてしまうことになる。

次はさらにそれを止揚した人間的不等価交換の世界を紹介するための思想、そのための思想とは、類としての互酬性、相互扶助、共生と連帯の世界観に足を踏み入れることであろう。

経済法則の廃絶とともに　資本主義社会の内部から

以上の事柄への確信と実践については再確認しておく必要があるだろう。

市場経済を前提にした市民社会、近代資本主義に照応した市民社会は、それを超えた社会主義社会ではなく、私がいうところの「共生社会・主義」であってその社会は「共民社会」、すなわち、市民社会にかわって共民社会、市民にかわって「共民」ということになる。そのための経済は資本主義固有の「経済法則」は廃絶されなければならない。

スターリンは『ソ同盟における社会主義の経済的諸問題』の中で、社会主義の建設にあたって、経済法則を自然法則とみなしてそれを利用することができると主張した。これに対して、宇野弘蔵は、生活全般に共通の経済原則と商品経済に特有な経済法則を混同し、社会主義にも経済法則を適用できるとしたスターリンを批判した。経済原則と経済法則の差異を理解できなかったといえる。

だからといって、「経済法則」の廃絶への試みが社会主義革命から始まるというよりは、資本主義経済社会の現下の内部から社会的共同組合、社会的企業、社会的事業所の運動が準備されなければならない。デヴィッド・ハーヴェイが著書『資本の謎』の中で書いているように、「アソシエーション・協同組合の理論と実践、その創造を今から取り組んでいかなければならない。」というように書いているようにである。それが社会連帯経済の経済実態としての社会的共同組合、社会的企業、社会的事業所、すなわち、ワーカーズ・コレクティブ、ワーカーズコープである。

労働力商品化を止揚した　脱雇用労働への展望

以上の基本認識に立ちながらも、共同連のこれまでの実践と日本における雇用を原理とする働き方の労働政策の制約の中、現実には雇用型の社会的企業、社会的事業所を目指してきたところである。二〇〇〇年にはイタリアの社会的協同組合B型を現地に視察に行き、その後もB型に関係したリーダー達とも交流を重ねてきた。

一方、韓国障碍友権益問題研究所とは一九九五年以来相互交流を重ね、特に二〇〇七年の社会的企業育成法の制定からは日韓社会的企業セミナーを開催し、その二〇一二年にソウルで開催されたセミナーでの分科会のこと。

それは協同組合基本法の制定の議論であった。社会的企業が大手会社のイメージアップや税制上の優遇措置を利用した動きも出てきて、本来の社会的企業の理念や目的がいかされていない現状から、新法として協同組合基本法が必要だという議論であった。そしてその年の一二月に協同組合基本法は制定された。このことを踏まえて、協同組合の理念を重視しながらも、現実的には雇用型の社会的企業、社会的事業所の法案大綱を提案せざるをえなかったのが、共同連である。

しかしながら、昨年の共同連大会では改めて「社会的共同組合」の理念をいかすためにあえてそれを運動方針に掲げた。このことを踏まえつつ、社会的共同組合、社会的企業、社会的事業所、その経緯と現実的対応の結果としての到達点を、次に検証する。

めざすべき社会的事業所とは？

共同連と社会的事業所、その運動と理念

一九八四年に結成された共同連は、すでに七〇年代の小規模作業所つくりの運動から始まる。この時代には障害者雇用促進法の「一般雇用」と福祉法の「授産事業」しかなかった。そのような中、法外措置として自治体の助成制度に基づく小規模作業所、親や福祉関係者、障害者らの小規模作業所つくりの運動が始まっていた。この頃の作業所では先生（職員）と訓練生（障害者）という呼称の関係にあって、今は総合福祉法の下では支援者と利用者の関係にある。それを、共同連は「差別」と言い続けてきた、言い続けている。

理念の一丁目一番地は、障害ある人ない人が対等平等に自分らしく共に働き、障害の程度・特性に関わらず、それは賃金ではなく「分配金」として制度化してきた。それが当初の「共働事業所」であり、イタリアの社会的協同組合法、韓国の社会的企業育成法を学ぶ中、二〇一〇年の宮城県大会から、「共働事業所」から「社会的事業所」へ方針転換した。

それではそれを示すために、二〇一二年五月に提案した「社会的事業所促進法案大綱」の一部と、私が書いた「共働・社会的事業所の七原則」及び「社会的事業所に関するテーゼ」の一部を、次に紹介する。

▼社会的事業所促進法案大綱

二　この法律は、社会的不利を何らかの理由により負わされ、そのため、就労が困難な状態に置かれる者に対して労働の機会を与え、就労が困難でない者と共に働き、かつ、対等に事業を運営することができるようにし、もって労働を通じた社会的包摂を達成することを目的とする。

四「就労が困難な状態に置かれる者」とは、社会的不利を何らかの理由により負わされている者であって、障害者、難病者、ひきこもり、ニート、アルコール又は薬物その他の依存症者、刑余者、シングルマザー、ホームレスの人、性暴力被害者、外国人移住者及び生活保護受給者等の人をいう。

十二　事業所に対する「支援」とは、起業の差異の資金の無利子及び低利融資並びに期間を定めた人件費補助並びに継続的支援としての運営費の一部補助、社会保険料等の減免措置並びに税制の優遇措置並びに役務物品等の優先発注、優先購買制度並びに総合評価制度等の公的・社会的措置を講ずることをいう。

共同提案団体

特定非営利活動法人　共同連

特定非営利活動法人　ホームレス支援全国ネット

ワーク
特定非営利活動法人　ジャパンマック
日本ダルク本部
ワーカーズ・コレクティブ　ネットワーク　ジャパン
日本労働者協同組合（ワーカーズコープ）連合会

▼共働・社会的事業所の七原則（一四八頁を参照）

▼社会的事業所の価値に関するテーゼ

一　社会的価値　重度の障害者が働くということは、現代社会にあって「価値」である。排除された人も同様である。その人たちが生産する物やサービスは、同時に消費者にとってもより有益であることを目的にしている。安心・安全、環境にやさしい、人にやさしい「価値」でもある。この二つの「価値」は同一の価値を形成し、現代社会を問い、その持つ意味は「社会的価値」である。

四　ビルバオ大会の「競争」論をめぐって

社会連帯経済から見た提言
～社会的経済と連帯経済の統合とその価値の再確認のために～

共同連代表　堀　利和

先のビルバオ大会における「競争」の議論に寄せて、堀、柏井の文章の四点をここにまとめた。第一回のソウル大会ではGSEF、第二回のモントリオール大会ではGSSEF（ソーシャル、ソリダリティ）で、そして今回のビルバオ大会ではGSEFとなっている。そのことに留意されたい。

社会的経済と連帯経済は、新自由主義的グローバル経済の近年の動向に対して、社会的経済及び連帯経済のそれぞれに注目が集まるようになってきた。ところがその両者の経済は歴史的にもそれぞれの歩みを見せてきたのだが、二〇一二年には国連においてはじめて社会連帯経済として統合されるに至った。そこに着目すべきであろう。

五年ほど前、フランスの連帯経済の第一人者ラビル氏が来日され、私も氏の講演を聴く機会を得た。氏によれば、社会的経済に対する評価は、その時点でも、経済実態として制度化されるため体制に組み込まれる、というものであった。察するところ、社会連帯経済の統合においても、理念系としての「連帯」を軽んじることなく十分尊重し、連帯に支えられた社会的経済でなければならず。常に新しい、かつオルタナティブな価値の創出としていわば「体制」との間に緊張関係をもって対処すべきというところであろう。

また、米澤旦は『社会的企業への新しい見方』（ミネルヴァ書房）の中で、社会的企業を支援型と連帯型とに分けて定義付けている。共同連が理念的にも実践的にも進めている「社会的事業所」、つまり共に働く「共働（協同労働）」を、支援型とは異なる連帯型と位置付けているのである。それは、福祉法に基づく支援員（健常者）の利用者（障害者）に対する支援制度とは異なり、障害のある人（その他脆弱階層）とない人がそれぞれの自らの労働能力に応じて共に働く模型の人間関係の「連帯」系であると言ってよいであろう。（拙著『障害者から「共民社会」のイマジン』社会評論社　「第二章共働　第一節社会的事業所の見方・考え方」を参照）

以上の視点から、すなわち競争主義と能力主義によって排除されてきた社会的弱者すなわち障害者、ゆえに「連帯」、その視点から「競争」と「協同組合」の本質的位相を三つの文章をもって提言することとする。マルクス生誕二〇〇年に、あえてレーニンを引くのは、晩年、新ネップ政策の下、協同組合を基礎に「社会主義革命」を人民の文化革命を通して、上からではなく下からの力でやり遂げようとしたその意思を再確認するためである。

●ビルバオ大会の「競争」論をめぐって●

原稿1　社会連帯経済から見た提言　堀　利和
原稿2　「競争」をめぐって議論に　柏井　宏之
原稿3　再び競争、市場、連帯をめぐって　堀　利和

GSEFビルバオ大会東京プレイベント
テーマの「競争」をめぐって議論に

共生型経済推進フォーラム／共同連　柏井　宏之
（進歩と改革二〇一八年一一月号）

◆基調報告の中川氏が一石

二〇一八年世界社会経済フォーラム（GSEF）ビルバオ大会の日本実行委員会は、九月一五日明治大学の駿河台キャンパス内で「東京プレフォーラム」を開いた。その基調報告で中

川雄一郎明治大学名誉教授はビルバオ大会の三つのテーマ、中でも「競争力」を取り上げて疑問を投げかけた。

「私は、バスク・ビルバオ市で開催される二〇一八GSEF大会の三つのメインテーマ、すなわち、『価値・競争力・社会的包摂的で持続可能な地域コミュニティの再生・発展』は、ソウル市で開催されました、GSEFの二〇一四の議論・提案の内容と齟齬をきたすことはないのか、少々危惧しております」と発言した。

中川氏は、「二〇一八GSEFビルバオ大会でのこれら三つのメインテーマについては、バスク州の多くの協同組合組織が承認している「社会的経済マニフェスト（二〇一二年）とどの程度・範囲までその整合性を図っているのだろうか、わたしには少々気にかかるところです」（むすびに代えて）とまで言い切った。

なお「社会的経済マニュフェスト」は、以下の一〇項目を承認しているという。

①企業（事業体）においては人間優先、②安定かつ高い質の雇用促進、③企業管理への民主的参加、④社会的包摂への貢献、⑤地域コミュニティの開発・発展への貢献、⑥富の公正な分配、⑦環境を重視する、⑧バスク州内外の協同組合・企業との連帯・協同、⑨社会的責任の順守、⑩経済危機への対抗と雇用の創出。

中川氏は全日本協同組合学会会長であり、日本のロバアト・オウエン協会会長の発言だけにインパクトがあった。

◆「競争と能力主義」vs「共生」

共同連代表の堀利和さんがメールでビルバオ大会の「競争」に寄せて、で次のように問題を投げかけた。

土曜日のプレイベントで、中川先生が「競争」ということについて違和感を表明していました。私も同感です。それに関連して意見を書きます。

ビルバオ大会に共同連から推薦をということで、若森、丸山、井上さんの三人が北区にあるわたしたちのＮＰＯ法人わくわくかんに来られました。その時の私の記憶では、ビルバオ大会では新たに「市場」というテーマが加わりましたと聞きました。

これまでのソウル市、ケベック市はどちらかと言えば、自治体と協同組合、社会連帯経済が主たるテーマだったと思います。だから日野市行政と一体になって進める「障害者と共に」の街づくり、社会連帯経済の一翼を担うやまぼうしの伊藤さんを推薦しました。「自治体」の視点からです。

そしてもう一人の推薦は、共生シンフォニー・がんばカンパニーの中崎さんです。それは、おからクッキーなど新商品の開発で社会連帯経済の一分野であるＷＩＳＥ社会連帯経済ビジネスモデルになっているからです。問題提起の「市場」に適していると考えたからです。三人の話は「競争」ではなく「市場」だったと思いました。それが私の勘違いだったようですが。

しかし、もし「競争」であったなら、中崎さんを推薦しなかったと思います。というのも私たち共同連は、「社会的事業所」として競争や能力主義に反対しています。私たちは競争と能力主義の中で排除されて来たからです。

市場と競争という関係から言えば、確かに市場競争ともいえるわけです。しかし、経済学において本来「市場」とは、等価交換のことです。それが資本主義、とりわけ新自由主義の下では自由競争、市場原理主義となります。つまり、競争は相手に勝つこと、場合によっては相手を倒すことを意味します。社会連帯経済のビルバオ大会には「競争」は不適切です。「市場」に改めるように日本から提案すべきだと考えます。経済において自由や競争を強調しない方が良いと思うからです。社会連帯経済の理念と思想からいってもなおさらです。

共同連の共に働く「社会的事業所」を、「市場」の観点からこう説明します。社会的事業所の壁の外は市場、しかし、壁の中は非市場（反能力主義・反競争主義）と。この壁の外と中、つまり市場と非市場の相矛盾する二つの経済概念、現実にはその車の両輪を成り立たせるためには大変な苦労と努力が強いられます。市場を重視すれば能力主義的に重度障害者を切り捨てざるを得ず、また一方、反能力主義を重視すれば重度障害者を中心にすることによって商品は市場の中で売ることができず撤退するしかありません。両者を両立させるのは大変です。

私の経験から言えば、かつての小規模作業所、もちろん今でも事業所は同じですが、例えば障害者が作ったラーメンだからといって、まずければ誰も一回食べただけで二度と来客しません。私も、障害者の、福祉のためだからといってまずいラーメンは食べません。そのためにはもっとおいしいラーメンをつくるしかありません。市場を無視することはできないのです。しかし、だからといって、市場ではなく「競争」という概念をテーマにすることには首をかしげます。

ぜひ「市場」と「競争」の関係について議論していただき、私としてはビルバオ大会に「競争」に代わる「市場」を提案していただきたいと思います。

この問題提起に日本実行委員会の事務局、ソウル宣言の会代表の若森資朗氏は次のように、堀さん宛に返答している。

私達も翻訳段階で、本当に「競争」との言葉で良いのか論議を行いました。また、意見も寄せられました。

そこで翻訳する場合に、他に適切な言葉がないかも検討しました。

私としては文脈から、ソウル大会や、モントリオール大会での成果を踏まえつつ、現在一般に使用されている「競争」との言葉の範疇に収まらない内容として（効率や利益を意識しつつも、能力主義ではなく存在に依拠して多様な価値を認め、連帯を創造していく）、そのことが現実との対峙に逃れられないことから、あえて「競争」との言葉で表現した、それは市場とも関係するし、コミュニティとも関係する。

それを経済活動として実践する、と理解することで、受け入れたと思っています。

しかし、今回堀さんや中川先生からの提起があり、あらためて使用されている「競争」との言葉が適切がどうか言及していきたいと考えます。

なお「市場」とすると、現代は効率と競争の新自由主義経済で生き抜くことを連想させます。それはそれでまた、しっくりいかないものがあると思います。

実践活動の取り組みが広く、そして深くなるほど、様々悩ましい課題が出てきます。これからも議論を重ね、深めていきたいと思います。

◆マクファーソンの感慨

この議論を通して思い出したのは、レイドローの高弟、今は亡きイアン・マクファーソンの

「社会的経済」登場と、終わることのない実践と論争に関する述懐である。

それは二〇一三年。社会企業研究会主催、生活クラブ連合会協賛で、ワーカーズ・コレクティブのメンバーが大勢つめかけた東京・麹町の集まりで語ったものだ。マクファーソンは、社会的経済は一九世紀の初頭、「政治的な枠組みというよりも社会的な課題や状況から出発した」という切り出しから話をはじめた。

一八四〇年から一八六〇年の間、消費者、労働者、地方に住む人々、金融サービスを必要とする人々が協同組合運動の形で「社会的経済」を広げていった。コミュニタリアンたちが、営利目的企業形態との差異をつくりだし、様々な種類の協同組合の制度組織形態を創出、終わることのない実験が社会的経済の実践家たちの差異になっていく複雑性の実例を生みだした。社会的経済思想が広く認知されている国においても、統一された共通目的を持っているとみなされないため、社会的経済の実践家と理論家は互いが最悪の敵同士という複雑性を生んだ、と。なぜなら社会的経済の諸原則とは、実践の烈火の中で人々の間で共有されてきたいくつかの価値の集積だからである。

◆金キソプ vs ドウフルニ論争

そして、そのことを示した記念すべきアジアでの論争がある。それは二〇〇九年一一月、ソウルで開かれた「第一回日韓社会的事業セミナー」の時のことだ。私はこの時のある分科会の発題を担当していたが、そこに当時、ドウレ生協連合会常務理事の金キソプさんがやってきて、前日に開かれた社会的経済連帯会議で、ベルギーのドウフルニ教授との間で激論をかわしたといってきた。

ドウフルニは、このセミナーで、アジアにおいて、日本の「介護保険法」と韓国の「社会的企業育成法」が官治型の社会的企業法制だと鋭く指摘する一方、EU一二か国の三九のタイプが国家・市場・互恵性の異なる分野に社会的企業がいかに分布しているかを強調した。

私にはアジアで初めての、在野の、特に「社会的に不利な人々」、韓国でいう「脆弱階層」の障がい者が中心の集会を持つ市民集会で、ハイブリッド型を強調するのには違和感を覚えていたので、金キソプさんの論点に興味を覚えた。それは後日、すぐに送られてきた。これをわっぱの会の清川千春さんに訳してもらって、理念の持つ重要性と韓国社会で「共生社会」のモデルとなっている原州の人々の価値観に深く根ざすものであることを知った。

それは、胡蝶夢について始まるいかにもアジア的な事例から(想像力)にかかわる論であった。

金キソプさんの結論を急ごう。

市場と国家と共同体の間には明白な区分がある。しかしながら、それと同時に市場の中には国家と共同体が、国家の中には共同体と市場が、そして共同体のなかには市場と国家がある。

これは市場や国家や共同体が交換や再分配や互恵だけを追求するものではなく、市場は交換に基づいた再分配と互恵を、国家は再分配に基づく交換と互恵を、共同体は互恵に基づく交換と再分配を追及し、またそうあるべきだということを意味する。これがまさに実際的経済であり、このように各々の資源分配方式でお互いに異なる資源分配方式を内包させるのが社会的経済の二番目の想像力である。

しかしながら、現実的には我々社会は利潤追求と権力強化に傾いた市場と国家によりほとんどの資源分配がなされており、さらには市場による交換こそ、資源の最も効率的で合理的な配分であり、市場の交換を通じた富の配分こそがもっとも公正なものであるという市場社会の神話が支配している。一言で、我々社会は、共同体つまり市民社会がリードする互恵に基づく交換と再分配という資源分配方式がきちんと稼働できていないのが現実である。このような状況の中で社会的経済が互恵に基づく資源の交換と再分配を強化しなければならないことはあまりにも明らかである。同時に、このような試みは市場にも再分配と互恵を、国家にも互恵と交換を要求することのできる根拠にもなる。

私たちが見つめなければならないのは「共同体、つまり市民社会がリードする互恵に基づく交換と再分配という資源分配方式がきちんと稼働」させるような事業をどう作り出すかの〈想像力〉なのであって、そこの確認の上で「社会的経済」を創る時、「連体型」がはじめて育ってくるのである。

再び競争、市場、連帯をめぐって
「競争」に対する資本主義と社会主義の差異とその位相

共同連代表　堀　利和

私たちは否応なく市場の中で生きています。経済活動をする以上はなおさらです。そこから逃れることはできません。ただ市場とは交換過程における等価交換と非等価交換の歴史的、現実的位相が想定されてよいと思われます。つまり、形式的等価交換と実質的等価交換、さらには形式的不等価交換と実質的不等価交換という極めて人間的あるいは非人間的位相が想定されます。その場合の「競争」に関わる「市場」、すなわち交換過程における経済学的分析を行う必要があると考えます。

先ず、資本主義における市場と競争についての基本的認識に立って考察すれば、資本は労働者の労働力商品化に基づいて剰余労働、剰余価値、すなわち利潤を目的に行動します。そのためには、商品価格を引き下げるためにその商品の生産価値を引き下げる日々の努力が求められます。同一の種類の商品を生産する作業行程で標準以下の生産コストを達成しなければなりません。それには、個別資本は、標準的な生産コストに基づく諸資本と競争しなければなりません。平均的利潤を上回る特別利潤が獲得されるためにです。もとより、資本は協業、分業、技術革新、そして何よりも労働者の賃金引下げと生産性向上に努めなければなりません。個別資本が生き延びるためには。

また、商品開発も同様です。類似の商品より消費者が一層魅力を感じ、より購買力を高めるための新商品や新しい生産モデルの開発です。それも個別資本にとっては重要な競争となります。個別資本が諸資本に勝ち抜くためには極めて必要不可欠な要件となります。以上が資本主義における「競争」の概念です。

マルクス『資本論』もまた競争を取り上げています。しかしそれは以下の理由によるものです。資本主義の競争とは異なります。

マルクス『資本論』における「競争」は協業に限定されて用いられ、作業工程でともに働く労働者一人ひとりに活力や競争心が育ち、それはいわば「競争」というよりはむしろ日本語的にはお互い「切磋琢磨」に等しいのではないかと考えられます。資本主義とは異なります。資本主義は労働力商品化の下で生産性向上のため、労働者は資本家の専制的支配の下に置かれます。その目的が違うのです。

レーニン『競争をどう組織するか』

久しくレーニンの文章にふれると、あいかわらずその言葉使いの品のなさ、下品、辛辣さに、しかしそこにはブルジョアジーとその手先のインテリゲンツィアに向けられた言いようのないルサンチマン（怨念）の感情も伝わってきます。この小論文は、ロシア革命直後に書かれたレーニンの文章です。「競争」の概念については、できる限りレーニンの文章に対して忠実に、そのため私のコメントは口をはさむ程度に控えたいと思います。つまり、資本主義の競争と社会主義の競争、レーニンがいかに社会主義建設のためにあせりと危機感、人民への大いなる信頼と期待を寄せているかがそこに伺われます。くれぐれも、私たちが常識化された利己的、利己心の支配に汚染された「競争」とは違うことを理解する必要があると思います。

私見を先に言えば、結論として、それは連帯を目的にした「連帯」のための競争です。

「社会主義は、競争の火を消さないばかりでなく、反対に、これを真にひろく、真に大衆的に、真に大衆的な規模で応用し、勤労者の大多数を次のような活動舞台に実際に引きいれて、彼らがここで自分の本領を発揮し、その能力をのばし、まだ一度も汲みだしたことのない泉として人民のなかにひそんでいるところの、そして資本主義が幾千幾百万となくもみくちゃにし、圧《お》しつぶし、絞めころしてきたところの、天分を発揮する可能性を初めてつくりだすのである。社会主義政府が権力をにぎっているいま、われわれの任務は、競争を組織することである。」

このようにレーニンは書き、「資本主義がいかに勤労者の大多数の彼らがここで自分の本領、能力を伸ばす、天分を発揮する可能性をもみくちゃにし、圧しつぶし、絞め殺してきたか」と糾弾した上で、「我々の任務は、競争を組織することである」と言い放っています。

そしてそれによる労働についても、「何世紀にわたる他人のための労働、搾取者のためのしいられた労働ののちに、いまやはじめて、自分のための労働、しかも最新の技術と文化のあらゆる成果に立脚する労働の可能性が現れている」と書いています。それを、「しいられた労働から自分のための労働へ」とも書き記しているのです。

「こうした人々は、ブルジョア・インテリゲンツィアが、傲慢に見くだして『庶民』よばわりをしている人々のなかに、たくさんいる。こうした人材は、労働者階級と農民階級のなかに、まだ一度も汲みだしたことのない泉となって、きわめて豊かな泉となってひそんでいる。」

「幾百万の労働者・農民が自発的、精力的に、革新的熱情をもって支持するところの、労働の量、物資の生産と分配に対する全人民的な記帳と統制を組織しなければならない。だが、この記帳と統制は、ものわかりのよい、きりまわしのたくみな労働者や農民なら、だれにも十分手におえ、十分こなすことができるのであるが、この記帳と統制を組織するには、彼らのなかから生まれてくる彼ら自身の組織者的人材をめざめさせなければならない。組織者としての成功を目指す競争を彼らのなかで喚起し、しかもこの競争を全国家的規模で組織しなければならない。」

「紋切型にはめようとする態度、上から画一的なものを押しつけようとする試みは、インテリゲンツィアがひどくやりたがることであるが、すべてこれとたたかわなければならない。紋切型にはめたり、上から画一的なものをおしつけることは、民主主義的または社会主義的中央集権主義とは縁もゆかりもない。基本的な点、根本的な点、本質的な点での統一は、こまかい点での、地方的特殊性での、仕事の取り上げ方での、統制を実現する仕方での、寄生虫（金持ちとぺてん師、インテリゲンツィアのうちの不精者とヒステリーもち等々）を根絶し無害にする方法のうえの多様性ということでやぶられるものでなく、保障されるのである。

パリ・コンミューンは、下からの創意、自主性、運動の自由、展開のエネルギーと、紋切型には縁のない自発的な中央集権主義とが、結合された偉大な模範をしめした。われわれのソヴェトは同じ道を進んでいる。だが、ソヴェトはまだ『おじけ』ており、まだ本調子を出していないし、社会主義制度をつくりだすという新しい、偉大な仕事にまだ『くいこんで』いない。ソヴェトはもっと大胆に、もっと創意をもって仕事にかからなければならない。各『コンミューン』が——どの工場も、どの農村も、どの消費組合も、どの供給委員会も——おたがいに競争しながら、労働と生産物分配にたいする記帳と統制の実践的組織者として行動しなければならない。」

さらに続けて、レーニンは、

「コンミューン、自治団体、消費＝生産団体と組合、労働者・兵士・農民代表ソヴェトの競争が、展開されなければならない。この活動のなかでこそ、組織者的人材が実践的にぬきんでて現れ、上のほうに、全国家的統治の仕事に抜擢されていくにちがいない。この人材は、人民のなかにたくさんいる。それは押さえつけられていただけである。この人材がのびるように助けなければならない。この人材が、そしてこの人材だけが、大衆の支持のもとに、ロシアをすくい、社会主義の大業をすくうことができるであろう。」

と書き終えています。

私たちは、ここで「競争」を論じる際には、「コンミューン、自治団体、消費＝生産団体と組合、労働者・兵士・農民代表ソヴェトの競争が、展開されなければならない。この活動のなかでこそ、組織者的人材が実践的にぬきんでて現れ、上のほうに、全国家的統治の仕事に抜擢されていくにちがいない。この人材は、人民のなかにたくさんいる。それは押さえつけられていただけである」と指摘し、「この人材だけが、大衆の支持のもとに、ロシアをすくい、社会主義の大業をすくうことができるであろう」ということに、つまりコンミューン主義に基礎を置いた連帯のための「競争」でなければならないとしたことに着目しなければならないでしょう。

イスラム救済では市場ウンマ（共同体）のなかに埋め込むとし、またカール・ポランニーは離床した市場を社会の中に取り戻すとしています。それは、いわば市場（等価交換）と非市場を組み合わせた経済ということもできます。

いずれにせよ、以上のことから、私たちは競争、市場、連帯の概念の再検証、連関性の下での再定義が求められ、特にフランスの社会学者デュルケムの『社会分業論』によれば、フランス革命の自由、平等、友愛、その友愛が博愛に、さらに連帯へと発展したとされ、したがって、社会目的をもった連帯の理念は人間的な力強い「競争」に、日本語的には「切磋琢磨」に支えられるものでなければならないと思います。

五　資本主義下の過渡期における社会連帯経済の可能性

国民経済には三部門がある。政府部門、民間部門、そして社会連帯経済の三部門である。ここではそのうちの社会連帯経済の部門を取り上げる。

先ず、韓国で進められている社会的経済政策を紹介する。一言でいって、社会的経済とは互酬性、相互扶助、自主性、連帯の経済のことであり、地域共同体とその担い手である社会的経済組織の活性化と育成を推進しようとするものである。

本稿は、二〇一四年、ソウル市社会的経済支援センターを会場に開かれた「第五回日韓社会的企業セミナー」の講演と資料の一部をまとめたものである。一九九五年の日韓交流を経て、本セミナーはNPO法人共同連と韓国の障碍友権益問題研究所の共催で開催され、社会的企業セミナーとして開かれたものである。ハンシン大学教授イ・インジェ、労働省社会的企業振興院企画管理本部長チェ・ヒョクチン両氏の講演と資料を紹介する。その際明らかになったのは、年内の制定をめざして与野党の法案、「社会的経済基本法」の制定に向けた概要とその背景が示されたことである。だが、「社会的経済基本法」は二〇一五年与野党合意の法案がまとまったものの、その後の国会の事情でいまだ法制化されていない。ちなみに、二〇一一年にはすでにソウル市において社会的経済条例が制定されていることを付記しておく。

A　韓国内の経済社会の現状認識

（イ・インジェ）

国内の階層間の所得不平等。中央と地方間の格差。両極化の深化および内需経済の落ち込み。格差の深刻化と暮らしの低下。階層間の所得の格差。大企業と中小企業の格差。OECD三十一ヶ国中（現在の加盟国は三十四ヶ国）、自殺率と離婚率一位、所得不平等指数四位、社会適応指数二位、社会資本指数最下位。→不安な社会、危険な社会、葛藤の社会。

（チェ・ヒョクチン）

グローバル環境と市場の限界。雇用危機、経済危機、グローバル化による市場の不安定性の増大。市場の失敗。市民社会の危機。財政の危機。地域共同体と市民社会の危機。市場失敗、政府失敗による共同体の危機。

B　社会的経済の発展と意義

(イ・インジェ)

社会的経済の活動は内需を拡大させて、格差で苦しむ国民の暮らしの質を向上させる手段。経済の生態系つくりの促進。雇用拡大、社会サービスの充実、内需成長。国民経済の三大柱として社会的経済を認める。

(チェ・ヒョクチン)

市場または政府、既存のパラダイム、競争社会→社会的経済の発展、参加型民主主義の拡大、すなわち、本来社会は協力社会。グローバル時代の新しい戦略として、協同と連帯の原理。政府、市民社会の協力、統合的接近をはかる。国民経済を、政府部門、民間部門、社会的経済部門とし、社会的経済を通じて、政府、民間企業、市民社会の協力を進め、社会的経済は社会統合的な成長モデルとする。

C　韓国憲法および協同組合基本法

・韓国憲法第一二九条

1　韓国の経済秩序は、個人と企業の経済上の自由と創意を尊重することを基本とする。

2　国は、均衡がとれた国民経済の成長および安定と適正な所得の分配を維持し、市場の支配と経済力の乱用を防止し、経済主体間の調和による経済の民主化のために経済に関する規制と調整ができる。

・協同組合基本法第二条

1　財貨またはサービスの購買、生産、販売、提供などを協同で営むことで、組合員の権益を向上させ、地域社会に貢献しようとする事業組織をいう。（注　五人以上で設立）

また、意外にもすでにイスラム経済においても社会的経済、すなわち「共同部門」が取り上げられている。韓国よりだいぶ以前のことである。

一九七九年に起きたホメイニによるイラン革命である。その際に制定されたイラン・イスラム共和国憲法第四四条には、経済財政を定めた「イラン・イスラム共和国の経済は、公的部門、私的部門および共同部門の各部門に基礎を置く」とある。

公的部門すなわち公共部門は、大規模な基幹産業、貿易、交通、郵便などの部門で、政府がこれらを直轄する。

私的部門すなわち民間部門は、農業、畜産、工業などで政府を補完する部門となっている。

共同部門は、協同組合および共同組織をいう。市場をウンマ（共同体）のなかに埋め込んだ経済であるともいえる。

以上のことは、『資本論』の影響を受けたシイア派の経済学者ムハンマデュ・サドル著の『イスラーム経済論』（原本は「われわれの経済」）を基礎においている。だが、現在ではグローバル金融市場の経済のもとでは成功しているとは到底言い難い。

ケインズ政策の行き詰まりの八〇年代以降、新白由主義的市場原理主義経済のもとでは良くも悪くもオルタナティブな経済として、社会的経済および連帯経済の統合としての社会連帯経済に期待が寄せられ、各国でもその実践と法整備が進められている。

それでは日本の現状はどうか。一言で言って、その実践の試みはかなり進んでいるといえる。ただし社会連帯経済をどうみるかにもよるが、サッチャー、レーガン、そして中曽根政府の臨調行革にみられるように、たとえば福祉部門にも公から民へ、つまり財政危機のなかでかなり「民」に押し付けられたという政治経済状況がある。もちろんいうまでもなく市民力、市民の力は大切であるが、阪神淡路大震災の時のボランティアの活躍といういきさつはともかく、NPO法などは公的財政のひっ迫から押し付けられたともいえなくはない。市民が国からもぎとったというにはいささか心元ない。というのも、NPO法制定の際には、市民ではなく国民、憲法等日本には「国民」という概念を受けたことも確かである。市民という存在は法制度上にはあてはまらないというのである。

社会的協同、社会的企業、ワーカーズ・コレクティブ、ワーカーズコープ、社会的事業所など、その経済実態の担い手としてはこの日本にも多く存在する。だがそれに引き換え、法整備がほとんど進んでいない。社会連帯経済も、その意味ではまだ市民権を得ているとは言い難い。

それでもようやく、賛否の声はいろいろあるものの、「労働者協同組合法」が議院立法として制定され、二年後に施行されることとなった社会連帯経済への期待は私たちが創り、その担い手は今のところ私たちでしかない。ＳＤＧｓでも社会連帯経済への期待は大きい。それにしても、わが国の日本政府はいたって反応が鈍い。そう結論付けざるをえない。

第七考　日本における障害者雇用政策の一端

一　障害者権利条約の批准までと障害者雇用促進法

障害者権利条約に至るまでの障害者雇用促進法

1．障害者雇用促進法と国際条約

障害者権利条約批准に至るまでの法律や条約等の関連について、戦後六五年の経緯を概観してみたい。年譜をおって説明すると、以下の通りになる。

一九四九年　身体障害者福祉法制定
一九五五年　ＩＬＯ九九号身体障害者の職業更正に関する勧告
一九六〇年　身体障害者雇用促進法、並びに精神薄弱者福祉法制定
一九七六年　身体障害者雇用促進法改正
一九八七年　障害者の雇用の促進等に関する法律改正
一九九二年　ＩＬＯ一五九号障害者の職業リハビリテーション及び雇用に関する条約批准

一九九三年　障害者基本法改正
一九九四年　精神保健及び精神障害者福祉に関する法律改正
二〇一四年　障害者の権利に関する条約

2. 国際条約の条文の再確認

①ＩＬＯ九九号身体障害者の職業更正に関する勧告

「身体障害者及び精神的損傷」とある本「勧告」で特に問題なのは、政府外務省が「障害者」と訳すべきところを「身体障害者」としたことである。「勧告」の題名の原文は以下の通りである。

Recommendation concerning Vocational Rehabilitation of the Disabled

「Disabled」なのである。九二年のＩＬＯ一五九号条約批准承認の際の参議院外務委員会で、私はこの問題について取り上げた。政府答弁は、当時の現状では政策上「身体障害者」にせざるを得ないというものであった。それもたしかにわからないことではないが、だからといって、政府の都合で正確さを欠いた意図的な日本語訳でよいということにはならない。このことからもわかるように、条約と国内法の関係が条約との整合性のもとに国内法が建前上整備されるのが一般的であるが、逆に現下の法制度を維持するためにむしろ条約の原文を「霞が関文学」に訳すこともあり得るのである。

②ＩＬＯ一五九号障害者の職業リハビリテーション及び雇用に関する条約

本条約は一九八三年に国連総会で採択され、八五年に発効し、九二年に批准された。

「正式に認定された身体的または精神的障害の結果として、適当な職業に就き、それを継続し、それにおいて向上する見込みが相当に減少している者」に対して、「適切な職業リハビリテーションの対策を講じ、雇用機会の増進につとめるものとされる」と定めている。

③障害者の権利に関する条約

第七条　労働及び雇用

「障害者が他の者との平等を基礎として労働についての権利を有することを認める。」「労働市場及び労働環境において、障害者が自由に選択し、又は承諾する労働によって生計を立てる機会を有する権利を含む。」「障害に基づく差別を禁止すること。」「安全かつ健康的な作業条件（嫌がらせからの保護を含む。）及び苦情に対する救済についての障害者の権利を保護すること。」「精神的差別是正措置。」「合理的配慮が障害者に提供されることを確認する。」

3．障害者雇用促進法等のあゆみ

一九五五年のＩＬＯ九九号勧告を受けて、六〇年に身体障害者雇用促進法をスタートさせた。だがこの段階では、雇用は「努力規定」であった。

七六年には努力規定から「納付金制度」の創設に基づく雇用義務を事業主に課した大改正を行った。そして八七年には、ＩＬＯ一五九号条約批准に向けて「身体」のみならず「障害者」雇用促進法に大改正した。

九二年にはＩＬＯ一五九号条約を批准し、関係法令としては九三年に心身障害者対策基本法を障害者基本法に大改正して、精神を新たに加えた三障害（身体、知的、精神）の定義づけを行った。九四年に精神保健法から精神保健福祉法に改正した。遅々として進まなかった知的障害者の法定雇用率算定もようやく九七年に実施された。

4．障害者権利条約と障害者雇用促進法

二〇一一年に改正された障害者基本法第一九条（雇用の促進等）は、優先雇用制度、雇用機会の確保と安定、また、国及び地方公共団体の事業主に対する助成措置など、それは従前とあまり変わっていない。

批准に向けた障害者雇用促進法改正の動きとしては、二〇〇八年に労働政策審議会障害者雇

用分科会において「労働・雇用分野における障害者権利条約への対応の在り方に関する研究会」が発足し、障害者の範囲、雇用制度、差別の禁止と合理的配慮などが審議された。そして一三年三月一四日に「今後の障害者雇用施策の充実強化について」（意見書）がまとめられ、同月二一日の第五九回分科会において法案要綱が諮問通り承認された。六月一九日に成立。

改正法第三六条（二〇一六年四月一日施行）

厚生労働大臣は、事業主が適切に処理するために必要な指針（次項において「差別の禁止に関する指針」という。）を定めるものとする。（雇用の分野における障害者と障害者でない者との均等な機会の確保を図るための措置）事業主は、労働者の募集及び採用について、障害者と障害者でない者との均等な機会の確保の支障となっている事情を改善するため、労働者の募集及び採用に当たり障害者からの申し出により当該障害者の特性に配慮した必要な措置を講じなければならない。ただし、事業主に対して過重な負担を及ぼすことになるときは、この限りでない。事業主は、（略）均等な待遇の確保又は障害者である労働者の有する能力の有効な発揮の支障となっている事情を改善するため、その雇用する障害者の障害の特性に配慮した職業の円滑な遂行に必要な施設の整備、援助を行う者の配置その他の必要な措置を講じなければならない。事業主に対して過重な負担をおよぼすことになるときは、この限りでない。

一六年の施行に向けて検討を進め、「改正障害者雇用促進法に基づく差別禁止・合理的配慮の提供のあり方に関する研究会」が六月六日に報告書をまとめた。また、精神障害者の雇用義務は、一八年の施行後一三年に新たな雇用率を定めることとなっている。ちなみに、私は、法定雇用率二・〇七二％を今回も二・〇％とした、四捨五入ではない従来の小数点二桁以下の切捨てルールに対して以前より疑義をもっている。

二　日本における障害者就労の「多様」な形態と欧州・韓国の社会的企業

堀　利和

1　職業能力に応じた就労形態の輪切りと国際比較

雇用促進法の一般就労と支援法の福祉的就労の歴史的位相を検証してみると、なるほど就労形態の今日的多様性、しかしそこにはみごとに能力主義に彩られた輪切りの実態が貫徹されていることに今さら驚く。これほどまでにきめ細やかな「多様」な制度は他国にはおそらくみられないであろう。その点について、先ず歴史をふり返ってみる。

一九六〇年に身体障害者雇用促進法が制定され、それに先立ち戦後まもなく結核患者回復者のためにコロニー授産事業所が設けられ、障害者福祉の分野でもその後授産事業が進められた。七〇年代に入ると、雇用促進法は義務化され、一方、小規模作業所が自治体の助成により「生きる場」対策として増えていった。

八〇年代には身体障害者雇用促進法から障害者雇用促進法へと改正され、その制度の中に特例子会社が設けられた。また、福祉制度の予算措置として福祉工場も誕生した。

二〇〇六年以降の自立支援法では、就労移行支援事業、就労継続支援事業A（雇用型）、B（非雇用型）、地域活動支援センター2型（就労系）、あるいは、生活・就業支援事業および就労支援センターなど多岐にわたって施策が展開されている。

それらの諸施策を肯定的に評価すれば、障害者一人ひとりの職業能力とニーズに応じて働く「場」が用意され、「多様」な形態の働き方が進められてきたといえる。それは、自立支援法がもつ政策目標の一つとして、福祉から雇用への証左である。したがって政策全版を見渡せば、たしかに「多様」な働き方の機会が用意され、能力に応じてステップアップしていくかにみえる。だが、たとえば就労継続Bに通所する障害者が、一般就労に移行するということはほとんど皆無に等しい。おそらく万年B型障害者となろう。職業能力に応じて、しかしそれは結果として分けて・分離して、なぜなら政策対象が「障害者」だけに限られた支援になっているためであるから、おのずから固定した「場」にならざるを得ず、本来のソーシャルインクルージョン、コミュニティインクルージョンにはなりえない。たとえそれらが地域福祉と謳われようとも、私はそれを「地域の缶詰」という。家↓送迎↓通所施設（支援学校・放課後デイ）↓送迎↓家、それの繰り返し。

ここで共同連が提唱・実践している社会的事業所について一言ふれれば、それらと明らかに異なり、障害者を含め社会的に排除された者（ひきこもり、依存症者、刑余者、シングルマザー、ホームレスの人など）を三〇パーセント以上、そうでない人と共に働く、かつ対等平等にそれぞれ自分らしく働く反能力主義の事業所、しかも、政策対象が「事業所」なのである。これは事業所そのものがソーシャルインクルージョンになっているとも言いかえることができる。

話を元に戻すと、直接雇用の民間企業、特例子会社、就労継続AとB、地域活動支援センターといったように、職業能力別に序列化され、固定化されている。だからこそ、障害者にも、社会的事業所を政策化した「働き方改革」が必要ではないだろうか。国家戦略特区に加計学園でなく、社会的事業所を！

一方、欧州では職業能力の判定が徹底しており、賃金補填制度を含めた一般雇用か、それとも福祉サービス制度かに明確に区分されている。それだけに、社会的協同組合、社会的企業が政策化され、まさに医学モデルとしての障害者ではなく労働市場から排除された社会モデルとしての者、それらの者を三〇パーセント以上含む社会的協同組合、社会的企業が存在しているのである。

さらに東アジアに目を転じれば、韓国ではすでに法定化された社会的企業、台北市の庇護工場・社会的企業、フィリピンの労働協同組合などもある。しかも、いずれも雇用促進法があってのことである。

次項は、「多様」な就労形態に関連した滋賀県社会的事業所制度について、白杉企業組合・ねっこの輪代表理事に、そして欧州や韓国の社会的企業の制度化の現状と課題について、米澤明治学院大学准教授、両氏に論じてもらうこととする。

2　地方公共団体での保護雇用制度

白杉　滋朗

二〇一七年四月より、いわゆる「悪しきA型」に対する運用基準の見直しで給付費からの賃金補填は完全に禁止となった。もとより、措置であった授産施設の時代から措置費を利用者（訓練生）に支弁することは認められていなかったが、自立支援法（総合支援法）以降、就労継続支援事業A型においては「望ましいことではないが賃金支払に障りがある場合はやむを得ない」（厚労省関係者）と黙認していた状態を解消したわけである。もちろん、措置費と給付費の性格は違っており、その支弁について措置費を踏襲しなければならないのか？という議論も根強く存在する。

しかし、今回の運用基準見直しは給付費の使途というより、「利用者」である障害労働者に対しての賃金（工賃）支払いは就労継続支援事業A型（雇用）B型（非雇用）かかわらず、就労支援会計（利用者の生産活動の売り上げ：旧制度の授産会計）の中から支払わなければならないと改めて規定している点が大きなポイントだ。すなわち、一般的には生産能力が低いと認識され、労働市場から排除されている障害者のみの生産活動の成果しか分配できないということになると、最低賃金を確保することがかなり困難であることは自明の理であろう。

就労移行支援事業や生産活動を伴う生活介護事業も含め、総合支援法下の就労系事業所では支援員と呼ばれているスタッフは原則、指導・指揮・監督などの支援は行うが共に生産活動に従事することはない。むしろ、事業所や「利用者」の能力を超える量や納期の仕事を受注した時、支援員が残業して業務遂行することを「職員仕事」という言い方で否定的に捉える傾向さえる。授産施設時代からのこのような考え方の下では、生産性の低い障害者の集合体である事業所において障害者の所得保障は叶わないわけだ。

旧制度の授産施設では雇用に基づく福祉工場という亜類型があり、この類型は個別的に積算され支払われる措置費ではなく、事業主体に一括的に支払われる補助金であった。そのため、福祉工場では売上と補助金を一体的に運用される事もあったと聞いている。そしてまた、地方独自の制度であった小規模作業所の制度も補助金の使途について、強度な監査がある訳でもなく自由な運用が許されていた側面もある。

そういった自由な運用の下で、一義的に「補助金を山分けする」ということではなく、作業所等で働く障害のある者もない者も一体的に生産活動をしっかり行い、補助金も含めて全員の所得保障を確保していく場が一九八〇年ごろより全国で散見され出した。この様な各現場の取組みに着目した地方行政が、そんな取組みに対する独自の支援策を講じるところが出てくる。その先行的な制度が大阪府箕面市の障害者事業所制度（一九九三）であり、この制度は、従来の授産施設やそれを援用した形での小規模作業所補助制度とは違い、障害者は「生産性が低いゆえに労働市場から排除されている」ことを認識し、障害ある労働者に対する賃金補填を柱として構成されている。その上で、障害者の主体的経営参加や、障害者、健常者の対等な働きあいと平等な成果の分配、そして事業所自体が事業を通じて地域貢献を行うことを義務付けているなど、国の障害者施策とは一線を画している。

その後、滋賀県では二〇〇五年県独自の社会的事業所制度が創設される。滋賀県でも箕面市同様、地方独自の比較的自由な作業所制度やそれに支えられた作業所運動の実践の中で障害当事者とも雇用関係を結ぶ場が多く出現していた。これらの場は、先述のように「障害者と健常者が一体的に働き」「対等・平等に分配」することで参加するすべてのメンバーの所得保障を果たしており、それを遂行する理念に着目した行政や県民が「障害者の就労支援」を進める観点から同制度を提案したものである。補助金の使途も「対等・平等」の観点から賃金補填に充てることも排除していない。その後、二〇〇六年札幌市においても、これらを下敷きとした「障害者協働事業」が開始された。この事業は賃金補填を積極的に肯定はしていないが、地方制度の良い意味での緩さから自由闊達な経済活動を各事業所は行っている。

この他、三重県でも滋賀の制度を下敷きにした社会的事業所制度が創設（二〇一二年）されたが、財源的に時限を切った補助制度であり、補助終了後の経営には課題が残る。補助に時限を設けるのは、この国の労働施策の中に恒久的な就労支援策がないこともあるだろうが、そもそもの財源論、地方単独制度という軛があるのだろう。札幌では市の積極的政策もあり着実に箇所数を増やしているが、障害者就労の新たな形態を追求するモデル事業と言いながら「障害者は支援の対象であり福祉施策の対象」でしかないという価値観から全国的な広がりになっていない。国は「保護雇用制度」を求めるＩＬＯからの指摘に対して、就労支援事業（旧授産施設）等を対置しているが、これは援助付就労の域であり「雇用」とは言えない。障害者も働いて社会参加する保護雇用の萌芽と言うべき地方独自の施策は今後、大いに注目されるだろう。働くことは誰であっても福祉ではなく労働施策で解決されるべきだ。

企業組合ねっこの輪代表理事

3　欧州・韓国における社会的企業政策

米澤　旦

就労の場を創出する社会的企業は二〇〇〇年代以降、関心を集めてきた。国際的にどのような政策が展開されているかを理解することは日本の現状を相対的に位置づけるためには一定の有効性があると考える。そのため、ここでは欧州と韓国の社会的企業政策をごく簡単に概観する。

⑴欧州の社会的企業の制度化

就労困難者の就業機会・訓練機会を提供する事業体を労働統合型社会的企業（Work Integration Social Enterprise：WISE）と呼ぶ。WISE は当初は欧州において注目された概念であったが、現在はアメリカや韓国をはじめ、近年、注目される就労困難者対策となっている。二〇一四年時点で欧州委員会が整理したレポートでは、一九のEU諸国が社会的企業に関連する法人・認証制度を整備している。(注1)

欧州において出発点になったと言われているのが一九九一年に法制度化された、イタリアの社会的協同組合である。二〇一一年には一一二五七団体が認証されている。(注2)社会的協同組合は保育やケアなどを提供するA型と就労困難者の就業の場となるB型に区分される。

B型の社会的協同組合はWISEの原型と考えられる。その特徴は、第一に、就労困難者が三〇％以上を占める必要があるという特徴である。就労困難者とは、障害のある人や刑余者、スキルに乏しい若者といった直接には一般労働市場で就業の場を確保することが困難な人々のことを指す。この割合が三〇％とされているのは、就労困難でない人も含めた形で事業体を運営することにより、一定の生産性を確保するという意図があると考えられる（それ以外に、政府による社会保険料の減免などの支援措置や公共事業の契約も収入としては大きい）。第二に、組合員による参加型運営である。すべての就労困難者が運営に参加することが求められてはいないが、何らかの形で事業体に関わる人々の経営への参加が求められる。

欧州で、社会的企業政策を強調しているのはイタリアだけではない。例えばイギリスは一九九七年における労働党政権への政権交代以降、社会的排除に対する有力な対応策として捉えられるようになった。二〇一〇年以降、保守党を中心とする政権へと交代したものの、社会的企業は市民社会の構成主体として重視されている。(注3)

政府には社会的企業を促進させるための部局が置かれ、二〇〇五年には、Community Interest Company（CIC）と呼ばれる社会的企業に関する認証制度が用意された。CICは、就労支援に取り組む事業体もあるが、活動はそれだけに限らず多様な活動を実施する事業体が含まれる。CICは二〇一四年時点で九四〇〇団体を超える事業体が活動している。(注4)また、法・認証制度ではないものの、就労困難者の就業先となる組織概念として、Social Firm も存在する。

(2) 韓国の社会的企業の制度化

韓国では、社会的企業という概念を東アジアでは最も早く社会政策のなかへと取り入れた国である。二〇〇七年に施行された、社会的企業育成法では、イタリアの社会的協同組合の性質とイギリスのCICの性質を折衷した形での社会的企業育成が試みられたと考えられる。二〇一四年時点で、認証社会的企業数は一一八六団体である。(注5)

韓国の認証社会的企業では主たる対象者は脆弱階層と呼ばれる、生活困窮者および多様な就労困難者である。脆弱階層を対象として、社会サービスを提供すること、あるいは雇用を創出すること、あるいはそれらの両者を組み合わせることが当初の類型であった（その後の改訂によって地域コミュニティへの貢献するタイプが加えられた）。[注6]そのなかでも、二〇一三年の時点では、雇用創出するタイプの社会的企業（脆弱階層が三〇％以上を占める）が過半を占めている。

韓国の認証社会的企業の特徴は、第一に、イタリアと同様に参加型の要素を含めつつも、イギリスのように活動領域が広く、株式会社などの多様な法人格の参入を認めている（ただし、利潤分配に関しては制約がある）点である。第二に、政府からの支援が大きいことも特徴の一つである。社会保険料の減免措置だけではなく、人件費補助なども期限付きで可能となっている。ただし、このような支援の大きさゆえに、政府への依存も問題として指摘されることもある。

社会的企業概念が曖昧なこともあり、社会的企業政策は協同組合ベースをとるのか、企業ベースをとるのか、また、政府からの支援の程度をめぐって社会的企業ごとに異なる。日本国内において、いかなる政策が求められるかは、様々な立場からの議論のもとで討議され、現実化することが望ましいだろう。

明治学院大学准教授

【注】

（1）European Commission, 2014, ed., Executive Summary of a Map of Social Enterprises and their Ecosystems in Europe, European Commission, 4.

（2）European Commission, 2014, Country Report: Italy, a Map of Social Enterprises and their Ecosystems in Europe, European Commission, 20..

（3）ただし、その公的支援の比重は低減していると指摘されている。Nicolls, A., and Teasdale, S. 2017, "Neoliberalism by stealth? Exploring Continuity and Change within the UK Social Enterprise Policy Paradigm", Policy & Politics, 45（3）: 323-41. を参照

（4）European Commission, 2014, Country Report: UK, a Map of Social Enterprises and their Ecosystems in Europe, European Commission, 20.

（5）小林甲一・後藤健太郎、2017,「韓国における社会的企業の育成政策と展開」『名古屋学院大学論集　社会科学篇』53（3）:1-16.

（6）三菱 UFJ リサーチ&コンサルティング , 2011,『社会的企業についての法人制度及び支援の在り方に関する海外現地調査報告書』三菱 UFJ リサーチ&コンサルティング ,76.

第八考　障害者問題と今日的社会情勢

一　尊厳死は社会的死である

命や生きるということに意味があるように、死にも意味がある。一人ひとりの死にもすべて意味がある。死はその意味を問いかける。

二〇一九年六月二日、NHKで、難病女性の尊厳死が放映された。これに対して、JCIL（日本自立生活センター）から批判の声明文が出された。日本では尊厳死は法的に認められていないため、それはスイスに渡航した日本人が行ったものであった。

尊厳死は生きる価値のある命と、そうでない命とに究極的に線引きを行う。結果、生きる価値のない、または低い、あるいは役立たずのお荷物とされてきた、特に重度の障害者の存在に対して深く関わってくるので、尊厳死は決して許されるものではない。

そのことは、一九九六年に廃止された旧優生保護法の下で「不良な子孫を残さないため」として行われてきた強制不妊手術・人工中絶の問題につながっていくと言ったら杞憂だろうか。否、そうではない。ある意味必然であると言える。

このような措置は国家的犯罪であるとともに、世間の罪でもある。なぜなら国家は「法律」、社会は「制度」、世間は「個人」によってつくられているからである。

しかし、あの番組での、死の装置を本人が作動させる瞬間、二人の姉の目の前で装置が作動した瞬間、そして死んだかどうかを確かめる場面……。それは私にとって言いようもない耐え難い瞬間であるとともに、空しさ、嫌悪感を抱かせた。そして、そこには存在と時間の停止、しかしそれでいながら永遠と無が密かに織りなす厳かな静寂、否定しがたい現実があった。現実だけが唯一、誰のものでもないたった一つの現世の命を死に変えてしまったという事実、それを物語っていた。そこに残された「証し」だけが沈黙を守っていた。もはや、たとえテレビの前であっても二度と立ち合いたくない、そう思った。

一方、同じ番組のなかで、同じような境遇にある女性が家族とともに車で花見を楽しんでいる風景も映し出された。このとき、二つの命が私のなかで一つになった。それはちょうど仏教の二元性一原論のように、尊厳死か自然死かの二項対立を超えた安堵感にも似たようなものであった。

別の番組ではあるが、そこでは横浜市にある病院の、透析患者のことを取り上げていた。いよいよのときには透析も延命治療も行わない、そのことが患者の意思として厳格に文章にされていた。それを常に点検・確認しながら、同時にそれも家族との相談の上のことであった。

その患者の一人に、いわゆる元「モーレツ社員」がいた。かつて働いていたときには、世の中の役に立っているという誇りと自負心、そんな自分があったという。ところがいまは、役に立たないどころか、医療費を考えただけでも迷惑をかけていると話す。そんな自分の不甲斐なさや自責の念から、文書をしたためているようであった。

これは一見崇高な倫理観とも、また、世の中の模範生とも受け止められるのだが、しかしながら、そこには実は『人口論』の著者であるマルサスの思想、すなわち、自国イギリスの救貧法に反対した思想に通底しているものがあるとも言えるのである。それは、劣性な人間は淘汰されるべきとする不条理な優生思想であって、それもそもそも誤った経済理論と経済思想に裏付けられている。

こうした一連の思想、考え方には、私は与しない。優生思想に無自覚的に汚染されている人生観、人間観、社会観、とどのつまり一切がこうした価値観の下に貫かれてしまっている事実、そう言わざるをえない。

だが、翻って言えば、死は他人のものではない。とやかく言われる筋合いのものでもなかろう。自然死は悲しむしかなく、忍耐強く耐え忍ぶしかない、それしか方法はないのである。もし加害者がいればそれを憎むしかない。

ところが、尊厳死はそうはいかない。では、ぎりぎりのところまで誰が、そして社会は一体どこまでどのように関与しているのか。見方を変えればある意味「悟り」とも言える境地のなかで、つまり「意思」が関わる死の選択でもある。いずれにせよ、それを肯定しようが否定しようが、たとえそれを受け入れたとしても、尊厳死は明らかに自然死ではない。人為的な「社会的」死である。その結果、当然のように社会のありようが問われる。

しかしながら、ＮＨＫが取材した日本の難病女性は自らの生と死を個人のなかで受け入れたのも確かであろう。それだからこそ、そこには沈黙が支配するのであった。だが、それでもなお、尊厳死は自然死ではなく「社会的」死であり、「社会的」である以上、私たちに突きつけられる課題は社会のなかの生と死、言い換えれば、それは私たちがいま生きている社会のなかで、障害者が一人の市民として人間らしく尊厳をもって当たり前に生き、あるいは障害をもった子が当たり前にインクルージョンの教育のなかで生き生きと育っているかどうかにかかっている。

以上のことから、私の答えは、尊厳死とは、自然死ではなく「社会的」死であって、難病女性の死も結局のところ社会から切り離された「個人的」死でも自然死でもない。それが法律によって定められることにもなれば、なおさらである。ますます「社会的」死となる。そうである限り、私たち一人ひとりがその命をどう生かすのか、それとも殺すのかが厳しく問われている。

二　舩後、木村両参議院議員の国会における合理的配慮について

介助制度のあり方をめぐって

先の参議院選挙で当選したれいわ新選組の舩後、木村両議員の介助のあり方とその費用負担をめぐっては、様々な意見があった。私としては、国会の責任で国会の予算で措置するのが法制度上妥当かつ当然のことと考えていた。なぜなら、それは国会の責任のもとに「合理的配慮」がなされるべきであるからである。

一方、二人が国会議員になったことに対して非難・ネット炎上があったが、それはそもそも論外である。国民の代表として二人が国会議員になったことは、日本国憲法が認めるところである。

また、介助者の費用負担を国会の財源から支出することに異論を唱える立場、すなわち個人的にその費用を負担すべきとする考え方は、障害を個人の責任とする旧来の悪しき障害者観であって、かつ、それにより公人としての二人の議員活動を結果的に私的なものにしてしまうという自己責任論に他ならない。これは公的責任の放棄につながりかねない。

結局国会の予算から支出されることになったものの、今回のこのような対応があたかも「異例」な措置であるかのように受けとめられているが、それは決してそうではなく、法制度としてはいたって妥当かつ適切なことである。国会議員は特別公務員として国会に席を置き、国会に身分がある。

したがって、今回の措置を仮にも「重度訪問介護」で対応していたなら、それは法制度上ありえない。「重度訪問介護」はそもそも非営利の福祉サービスである。しかし、この「重度訪問介護」を適応しないのはけしからんという声があったことも確かである。だが、それは繰り返すまでもなく法制度上不可能なことである。

介助者費用の財源がたとえば厚労省からの措置ということになれば、それもまたありえないし、三権分立を建前とする限り、国会予算こそが妥当であるといえる。現状においては適切な措置である。

国会議員における歳費等の諸費用は国会予算に基づくものであり、たとえば鉄道等の利用における「議員パス」の財源も国会予算からの支出であって、国交省からのそれではない（一見「無料パス」に誤解されているのだが）。

したがって結論としては、国会議員としての二人の介助者費用は合理的配慮として国会が責任を持って、国会予算から支出されるのは妥当かつ正当である。

障害者雇用促進法の「合理的配慮」も、民間事業主の責任である。さて、二人の議員活動・経済活動に対する介助者のあり方を契機に、障害者の一般的な労働政策への道を切り開く機会にすべきであろう。すべての他の障害者にも十分適応できる適切な制度へ改革すべきところである。

現行雇用促進法の下でも、不十分ながら視覚障害者と四肢機能障害者（二級以上の重度）のための「障害者介助等助成金」（最長一〇年まで）がある。よって、今後はこの制度の一層の充実・拡大が求められる。その際の財源はもちろん福祉予算からではなく、労働政策としての予算でなければならない。というのも、例えば次のような事例も参考になる。

公園の清掃・整備を障害者が行うとその費用は自治体の福祉予算から支出されることとなり、一方、これを民間業者またはシルバー人材センターに委託すれば公園管理の整備費となる。概ね同じような仕事であるにもかかわらず、障害者の場合は福祉予算、民間業者の場合は公園管理費ということになる。同じ労働でも、いわば障害者のそれは福祉分野、福祉の対象として扱われ、民間業者は公園整備事業の労働としての対価が得られる。

また、私は同行援護、ガイドヘルパーのサービスを利用している。例えば、そんな私が仮にも民間企業に雇われて営業の仕事に配属された場合、同行援護のサービスはもちろん利用できない。それが利用できるのは仕事が終わった五時以降となる。労働者の私と生活者の私とでは、同じ「私」でも、明らかにその立場は異なる。福祉と雇用の切れ目のない政策とはこのように継続した政策体系を構築することであると言える。以上のように財源をどこから引っ張ってくるかがきわめて重要なことである。

したがって、仮にも雇用納付金を原資とする民間対象の「障害者介助等助成金」改革のための制度設計にあたっては、民間労働者と公務員の関係の精査、また財源についても雇用納付金、雇用保険の特別会計、一般税などが考えられるが、いずれにせよ、根本的かつ大幅な改革、または公務員のための「介助制度」を新たに設けるなどの施策が必要となろう。ともかく二人の議員の「重度訪問介護」問題を契機に、今後抜本的な見直しが求められる。いわば「支援付き雇用」といったところであろうか。

結論としては、労働政策としての介助制度が未だ充分用意されていない現状を踏まえ、二人の議員の「介助」問題はすぐれて大きな問題提起となった。それを今後どう活かすかが問われている。

時間的障壁

今夏の参議院選挙で見事当選を果たして国会議員になった二人の障害当事者、舩後靖彦さんと木村英子さんについて、特に舩後さんの存在に焦点を当てて論じてみたい。舩後さんはＡＬ

S患者で、最重度の障害者であると言ってよく、コミュニケーションも目の動きから文字盤を介助者が読み取るという方法をとっている。

本会議場では異例措置として介助者の付き添いが認められた。国会が慣習を変えたという意味ではきわめて画期的なことであるが、しかしそれは至極当然のことでもある。というのも、そもそも本会議場には議員と限られた参議院職員しか入れず、私の場合は秘書が入れないので入り口から衛司が私を席まで手引きした。ちなみに、盲導犬使用者として新潟県長岡市議会で初当選した藤田さんの自宅には、「本会議場に盲導犬なら犬を入れてもいいなら、豚も入れていいのか」と、電話で市民から苦情があったという。職員では舩後さんに対応できないから、介助者が本会議場に入るのは例外措置と言えども当然のことである。法律ではこれを「合理的配慮」というが、つまり既存の規則、手続き、方法の「変更」である。この変更こそが「寛容性」である。

しかし私にとってもっと関心があり興味深いのは、委員会での質問時間である。本原稿を書いている時点では何とも言えないが、秋に始まる臨時国会での委員会審議である。それまでに国会は、理事会は初めての経験、対応、すなわち重要な変更を迫られるということである。委員会での各会派の質問時間は、通常六時間コース、三六〇分であるから、それを委員の人数で割り、そのうえで一人当たりの時間を会派の人数に掛け合わせた持ち時間となる（ただ、自民党が持ち分の時間の一部を野党に譲る慣習がある)。

さて、そこで、船後さんの場合はどうなるか？　いずれにしろ、このような公平かつ機械的な質問時間の配分では、私のように視覚障害であれば話すことについてはなんら不自由もなく喋ることができるが、船後さんの場合にはそうはいかない。ただし、私の場合は答弁席の大臣や局長の表情、メモ用紙の受け渡しなどが見えないことがハンディであった。

委員会では、質問取りといってあらかじめ担当課が質問の骨子を聞きにくるのだが、それは大臣の答弁を作成するためである。また、船後さんの場合には当日の委員会での質問においてはパソコン等によりすでに用意してある質問文章の音声化といった方法などもとられるのかもしれないが、それにしてもAの質問にA'という答弁があった際、それで終わりというわけにはいかない。なぜなら予算委員会のテレビ中継でもわかるように、答弁に対して納得がいかなければさらに再質問するか、あるいは意見を述べるということになる。黙っていては答弁をそのまま認めたことになるからである。委員会での質問はそのように行われる。質問A、答弁A'。それですぐ次に別の質問B、答弁B'に移るというわけにもいかない。少なくとも答弁A'に対してひとことは言う。

船後さんの場合にはどうするか？　再質問の時間はどうなるか。まさか答弁をあらかじめ聞いておくなどできるはずもない。答弁A'に対して、その場で再質問A2をするにしても時間がかかる、そのための時間延長の保証はあるのか。

また、バッジをつけた議員しか質問（発言）できないから、例外措置として舩後さんに代わって介助者の「発言」を認めるのか（現実はそうせざるを得ないであろう）。

既存の委員会運営、こうした想定のすべては不自由なく喋れる議員を前提にできあがっている。しかし、喋ることに何の不自由もない議員たちを前提にした公平かつ機械的な質問時間の配分、想定内の既存の時間観念などに対しても、舩後さんの存在それ自体がすべてに「変更」を加えるといっても過言ではあるまい。

六時間コースを、休憩を入れて七時間にするのか。永田町の政治家たちにそんな優しさ、寛容性、忍耐強さがあるか、見ものである。あるいは、思いも及ばないウルトラCの方法を見出すのか。いずれにせよ、これが「時間的障壁」。新しい概念である。なぜなら、障害者差別解消法第二条（定義）には次のようにあるからだ。

二　社会的障壁　障害がある者にとって日常生活または社会生活を営む上で障壁となるような社会における事物、制度、慣行、観念その他一切のものをいう。

条文の「その他一切のもの」に含まれるとしても、社会的障壁の例は、「事物、制度、慣行、観念、時間」とすべきではなかろうか。たとえば視覚障害者にあっては、四〇年余り前から公務員採用や大学受験では試験時間が通常の一・五倍の延長が認められている。試験問題の特殊な様式が点字使用者、点字試験にはかなりハンディがあって、それを他の受験者との実質的な公平性を確保するためには時間延長が必須だとみなされてきた。今日的に言えば法律上の「合理的配慮」ということになろう。

時間的障壁に対するこのような合理的配慮がどうなされるのか、秋の臨時国会を前に、私は今大変関心をもって永田町の政治が「革命的」判断をするかどうか楽しみにしている。

〔付記〕

（1）一九九〇年に、社会労働委員会（現、厚生労働委員会）で、「重度身体障害者職場介助者制度」（現在の「障害者介助等助成金」）を取り上げた。というのも、当時は三年間の利用制限があった。では、四年目からはどうするかである。突然目が見えるようになるのか？　イギリスでは就業が終わるまで無期限の保証となっていた。だからそのことをもって、労働省を質した。結果、一〇年に延長が決まった。「一〇年」になったその根拠は、当時障害者の平均的就業年数が九年であったため、労働省が大蔵省（当時）にかけあって「一〇年」になった。しかし、平均が九年だからといって「一〇年」にするのは現状に反する。なぜなら五年で辞める者もいれば、一三年まで働く者もいるからであり、「平均論」は論理的に現実矛盾であるといわざるを得ず、無期限にすべきであろう。

（2）すでに重度身体障害者職場介助者制度があったことから、私にとっても活字の読み書き、点訳等の介助も必要なので、第一と第二秘書以外にその制度の理念を活かした介助を認めるよう、参議院議員になってすぐ要望した。結果は認められなかった。やはり特別な優遇措置と映ったようである。仕方なく、私設秘書を雇うこととした。「重度身体障害者職場介助者制度」が民間を対象にしていたこともあろうが、当時は特にまだ「合理的配慮」という概念が行き渡っていなかったことも確かであろう。

三　ステイホーム・イン・コロナに思う

このコロナ禍を政治的にみてはいけないか

三月下旬以降全くといっていいほど「ステイホーム」をしている私なのだが、というのも、私の中心的な行動が社会活動であるため、それに関連した会議や打ち合わせ、イベント等がことごとく中止となってしまったからである。陸に上がったカッパである。そんな中、今日明日の生活費に困る人がたくさん出る中で、私の財布は殆ど減らない。新幹線や飛行機、宿泊費や電車賃、外食代がかからないからである。複雑な思いがする。

二か月以上のステイホームの私の生活スタイルはテレビっ子、毎日テレビを見て過ごすありさま。というのも、いつもは読みたい新刊本は図書館の対面朗読を利用しているのだが、閉館中でそれも叶わず、機器にも疎く情報はテレビのみ。そのような状態だから耳学問、テレビ学問になってしまっている。そのため、コロナ禍について書いているこの文章に、聞き違い、勘違い、誤りの多いだろうことは否めないが、私が感じ思うところを率直に書いてみたい。

人類の天敵がウイルスと言われるように今回の新型コロナウイルスもそうであるが、しかし今回はそれも感染症・ウイルスの概念を変えてしまった。その特徴的な点は、発症することなく無症状で、無症状のまま陽性から陰性になる人が概ね三割程度いるということである。そして発症の一日二日前にウイルスを感染させるというのである。これが従来の感染症とは違い、スペイン風邪やサーズ、マーズとも異なる。だから、本来なら従来型のステイホーム的なやり方ではなんとも対処し難く、二一世紀型つまり徹底した検査体制によって陽性感染者を振り分け、そうでない人はいつもの日常の経済社会活動を安心して行えるといったようなやり方である。二〇世紀型から二一世紀型への転換である。

それにしても、安倍政権の一連の対応には腹が立つ。「へぼ将棋、王より飛車をかわいがる」というように、「へぼ政治、国民より政権をかわいがる」、まさにそうなのである。安倍総理の頭の中には習近平主席の来日、オリパラ五輪、そしておそらくそれらを成功させて秋には衆議院解散総選挙を狙っていたはずである。政治対応を優先したため、後手後手となった。そういわざるをえない。これは、無政府状態ではなく、無能政府状態。一見コロナ（自然）の被害に見えるが、実は政権被害であるともいえる。

この文章で本当に書きたいことは後回しにして、新型コロナウイルス問題について少しふれておきたい。それは「日本モデル」ということであるが、安倍総理は図々しくもこの言葉を口にした。腹が立つ。

確かに、海外からも「日本モデル」と言われるように、政治的対応が無策でありながらも（アメリカの新聞にそう書かれていた）死者数等が諸外国に比べてかなり少ない。私の浅い知識からでも、それは不思議、奇跡と言ってよく、今期冬の第二波が想定されるためにも、また北九州市の事例についても、その辺のところは徹底した分析と評価が求められ、第二波に備えるべきであろう。

ただこのような現象は東アジアの特徴でもあり、むしろ日本はその中では成績が悪い。この東アジアの現象と欧米のそれとは明らかに違う。その理由が、変異したウイルスの型が違うとか、欧米人とアジア人、あるいはＢＣＧ接種のありようも影響しているのではとか、それには不確定のさまざまな諸説がある。

ここで余談になるが、あえてコロナ問題と政治の関係について一言ふれておく。というのは、韓国を始め西洋先進諸国の首脳の支持率が上がっているのに対して、アメリカ、ブラジル、ロシア、そして日本、なぜかこの四か国の首脳の支持率が下がっているのである。そこには何か共通点でもあるのだろうか。だから、安倍総理には「日本モデル」と言ってほしくない。

さて、新型コロナウイルス等のウイルス感染症問題について話を戻すと、結局、国民の六、七割が抗体を持つようになるか、あるいはワクチンや治療薬が開発されなければ当該ウイルスには勝ち抜けない。サンフランシスコ大学の研究によれば、新型コロナウイルスの終息には少なくとも二年はかかるとされている。いずれにせよ、世界的なパンデミックの終息の見通しは今のところみえない。

こうした厳しい状態の中で、日本政府、都道府県等の対応をみていると、私が意見を一にしたのは、吉村大阪府知事、たしか三か月前の発言だったと記憶しているが、それは「経済対策とはコロナウイルスをやっつけることだ」というものであった。まさにその通りであり、その後の対応も適正であった。日本維新の会の吉村知事を誉めるのはいかがかという声もあるが、この場合冷静にみることも必要ではなかろうか。考えながら自分の言葉で話す姿勢に私は共感した。それに引き換え、読み上げるだけの薄っぺらな安倍総理の記者会見はなんだろう。安倍総理の声を聞くと鳥肌が立つ。政治的パフォーマンスにはうんざりである。

また脱線してしまった。つまり、ワクチンや治療薬が無い限り徹底したＰＣＲ検査等、実際にはそうはなっておらずにそのための言い訳ばかり聞かされるのはもうご免だ。ただし、重症化のことも考えればやはりＰＣＲ検査等の徹底と、かつ、医療崩壊や介護崩壊の対策に重点を置くべきで、さらに教育対策、経済対策、その他の対策に、しかもその対策についてはさまざまな悪影響を想定できる限り事前に十分備えておく必要があろう。きめ細やかな全般的対策が講じられなければならない、ならなかったはずである。

安倍総理の「学校休業」宣言。政治的パフォーマンスの何物でもない。菅官房長官にも羽田文科大臣にも事前に十分な相談もせず、北海道独自の緊急宣言が評判が良いというところから、それを模したという。それだからこそ、新型コロナウイルスを「自然」現象とばかりみるのではなく、決してそうあってはならず、これを政治的、経済的、社会的な広範な視点からその関係性を紐解くべきであろう。例えばコロナとは違うが、エボラ出血熱の場合はアフリカの奥地にまで経済開発・環境破壊がその要因とも言われるようにでもある。

いずれにせよ、この新型コロナウイルス問題は多くのことを、つまり隠蔽されてきた多くの諸問題を顕在化、可視化、意識化させた。それらを、私たちは改めて再認識、突き付けられたのである。沈殿して見えにくくなっていた諸問題を、新型コロナウイルスは炙り出した。

なんとなくやり過ごしてきてしまった問題、仕方がないかとある種あきらめにも似た様々な事柄への感情、また、新型コロナウイルスという悩ましい未知の経験から、日常の重要性がどれほど大切なものかが身につまされる。

しかし、今回のコロナ対策の中で残念ながら幻想上の普通の基準がいかにそうでない人たちを切り捨て、捨象し、線引きによって無視または存在していないものとされたかの事実を決して忘れてはならない。ステイホームができる人できない人、ホームを失った人、ネットカフェを追い出された人、たとえステイホームをしたにしても応接間のソファーに座って愛犬をかわいがるなどできる人できない人など、そのような基準の線引きは、誰の目線で成されたのか。

新型コロナウイルスは政治問題である。

そして私たち障害者にとってもっとも深刻なのは、コロナ感染者やまたその家族等の関係者に対する差別、偏見、排除、分断等の行為である。いつか来た道である。

ソーシャルディスタンスの危うさ

ソーシャルディスタンスがあたかも生活様式の「絶対」基準であるかのように示され、確かに新型コロナウイルスという悩ましい問題からすれば当然であるかもしれないが、しかし額面通りソーシャルディスタンスを守ると命の危険、自立生活そのものが立ちいかない状態、それらは思考の停止と行動の否定に繋がりかねない。生存と生活の危機に陥りかねない。

初動対応の遅れとその後の対策のまずさを取り返すため、政治家としてのリーダーシップをみせるために、安倍総理の「学校休業」宣言。何の準備も対策も取る間もなく、ただ政治的パフォーマンスを演じて、しかしそこにはそれぞれの家族が置かれている事情やそれに伴う子ども達の実態を一切無視してのことであった。また遅れに遅れた緊急事態宣言も、それによる悪影響をも何ら分析することもなく、配慮もなく、準備も十分ないままにである。

特に障害者にとって身近なかつ切実な問題の一つが、ソーシャルディスタンスである。もしソーシャルディスタンスを厳密に守るとしたら、命の保障がないことにもなる。こうしたギリギリの状況の中で日々暮らしている人々、言い換えれば、ソーシャルディスタンスを無視して「蜜」に関係を結ばざるをえない生活実態、社会環境に対して、その解決のための対策が何ら示されず、全て現場に丸投げするという相変わらずの自己責任論、それはこれまでの政治がとってきた基本政策でもある。

「3蜜」を避け、ソーシャルディスタンスを声高に言うだけでは、医療現場はもとより介護現場、自立生活、社会参加を維持するための具体的な方策、それは個人レベルでは限界があり、国・自治体レベルで包括的なきめ細やかな対策方法を提示すべきである。それが全く見えてこない。全て個人や現場に丸投げである。

学校休業をしたら、一体そこに何が起きるか。安倍総理の政治的パフォーマンスの学校休業が、学校に通っている子ども達に、家族の下にどんな状況に追い込まれるかについて、全く検討することなく一挙に行うという始末であった。応接間のソファーに座って読書をする人には、稼ぎの良いテレワークする父親と専業主婦の母親の家庭しか想定できないであろう。「健全」な家族を基準にしているからである。子どもにも家族にもそれぞれに多様な、それぞれに様々な困難な事情を抱えていることなど、安倍総理には想定外であろう。パフォーマンスのみの人任せ。女性の社会進出、社会保障の将来を考えた時の高齢者の就労を言いながら、その一方では伝統的（右翼的）家族像がこびり付いていると言えるからである。

このように新型コロナウイルスを巡っては「自然」現象に対応しながらも、実はその対応がきわめて政治的内実を兼ね備えていると言ってよい。そのためにも、一見自然現象の事象としての新型コロナウイルス対応も、実は政治的社会的あるいは文化的現象を内包しているとも言える。

教育分野における学校休業とオンライン授業が今引き起こしている諸問題、家庭の事情に伴う学力格差、また子ども達が遊んだりけんかしたりする「いっしょに」過ごす空間、そこでの人格形成が将来どう影響していくのか、それも諸個人の事情に目を向けなければならないであろう。格差や分断ではなく、子ども一人ひとりの多様性の豊かさをどう今後確保していくかが問われる。今の子ども達の未来が心配である。

例えば、バブル崩壊後の就職氷河期世代と言われる人達が今九〇万人、その九〇万人の人たちは三五歳から四五歳までの氷河期世代、彼らは未だに未就労か不安定雇用の内にある。ようやく政府も予算をつけてその対策に乗り出したところである。私が心配するのは同様、今の子ども達が将来「コロナ教育世代」となってしまうのではないかということである。それでなくとも、自己責任論と格差社会、分断社会が今の状況だからである。

福祉現場においても「今」が一層深刻な事態を生み出している。ニュースで取り上げられる介護崩壊の大規模施設はもとより、例えばNPO法人が運営する小規模事業所系についても、一人ひとりの障害者、一人ひとりの支援者の在り方、ソーシャルディスタンスが不可能な蜜の人間の支え合いも、様々な問題を生み出している。一般的なソーシャルディスタンスは適用できないのである。

教育や福祉、その他の分野でもソーシャルディスタンスが生み出す様々な困難が現実のものとなっている。テレワークの働き方もそうであるが、従来の人間関係が変質していくことも予想される。このような関係性が私たちにとってより良い新たな方向につながるのか、それとも支配・管理する側にとって都合のよい社会になってしまうのか、余談を許さない。

以上の事柄を考えた時、一つ言えることは、有事は平時も問われるということである。その意味で、次の二つの文言を書き記す。

一九八一年の国際障害者年では「世界行動計画」に、「ある社会がその構成員のいくらかの人々を締め出すような場合、それは弱くもろい社会である」と。

そして国連は二〇一五年に、「私たちの世界を変える」をメインテーマにして、一七の目標を立てた「持続可能な開発のための二〇三〇アジェンダ」を採択した。そのＳＤＧｓの「二〇三〇アジェンダ」の中に重要な文言がある。それは「誰も置き去りにしない社会の実現である」。

第九考　新型コロナウイルスと二大階級闘争史観

黒人が警察官によって殺害された差別事件が明るみになったアメリカに端を発し、特にイギリスなどでも人種差別の問題が改めて顕在化した。イギリスでは重商主義時代のアメリカ大陸への侵略行為と、あるいはアメリカにおける黒人奴隷政策など、また、近年においては欧米を中心にイスラム系の移民・難民、中南米やヒスパニック系、およびアジア系の流入などによって、グローバル化した世界情勢における人種差別が潜在的、顕在的両面の位相が明らかになってきた。それが意外にも新型コロナウイルスが広がるなかで、一見無関係にみえる両者の関係が実は社会の階層分化からその同質性がみえてきた。

結論を先にいえば、たとえば白人のなかでの階級的分化の経済的階級闘争、従来の古典的二大階級闘争史観では、それに固執する限りでは、資本主義諸矛盾を現代的に根本から超克することはできない。そのためのキーワードは「差別と格差」。人間関係のあり方、諸個人の関係のあり方、それが未来形としてどうあるべきかを問いかけたきっかけが、新型コロナウイルスの感染拡大にあるといってよい。資本主義的諸矛盾が全般にわたっているとも言い換えることができる。

極論すれば、同胞のなかでのこれまでの階級分化、一九世紀型の資本家と労働者・プロレタリアートという二大階級論の支配的関係性だけで解決されるのではなく、むしろ、グローバル化した現代資本主義では一国内の階級論や、労働者「階級」といった単一概念で捉えるのはもはや限界である。労働者階級の重層的分化の実態を把握すべきであろう。加えて、人種、民族、宗教などの「属性」による差異と差別にも踏み込み、生産関係を単一の階級論に収斂させてはならない。差異と多様性、差別の問題を前提に階級論が問われなければならない。

自由論もそうである。抽象的に一般化した概念では、自由はすべての人にはあてはまらない。白人の自由と黒人の自由とは異なり、それを、白人の自由を黒人にあてはめてもそれは形式的自由論に終わる。そこには歴史的、伝統的、かつ現実社会の実態に即して、自由論が語られなければならない。いわば自由のスタートの位置が「属性」によってばらばらであるからである。健常者の自由は、視覚障害者である私にとってはしばしば不自由ともなるように。

新型コロナウイルス問題を政治的、経済的、社会的諸情勢からみることもできるが、たとえばニューヨーク市でもテレワークのできない黒人や貧民層の労働者は通勤に混んだ地下鉄を利用することもあって、感染者数、死者数が多い。イギリスでも、中東やアジアからの移民労働者、介護現場や運転手、肉体労働、そこに働く人々の死者数が白人系国民のおよそ四倍、それは何を物語っているのであろうか。ウイルスが単に白と黒、茶色という色を選ぶのであろうか。一言で言って、職業差別、格差にも通底しているといえる。

欧米の階級闘争もまた一九世紀型の階級闘争史観では限界があり、現代は経済学的階級論だけではなく、実践論としても「属性」と「差別」にまでその概念を広げなければならないであろう。歴史と伝統、属性を無視して白人系労働者、あるいは健常者系労働者を基準にした階級論、そこから社会主義論を論じても全ての人の解放には至らない。そのことをいみじくも新型コロナウイルスは教えてくれた。しかもアメリカ、ブラジルをみる限り、それは政治的であるともいえる。ウイルスはけっして自然界や細胞の問題に限られたものではない。あえていえば、人間にとっては政治的色彩を要する。それだけに、一九世紀型の階級闘争史観であっては解決できない。もっと差別の問題に踏み込み、経済のための人間ではなく、人間のための経済に変革しなければならないであろう。

階級闘争は反差別の闘争である。それを、新型コロナウイルスが教えてくれた。つまり、私たちが未来にどのような社会像を描くかであり、だから今そのためにもどのような社会作りをしなければならないのか、実践しなければならないのかが問われる。

イワン・イリイチは一九七三年に脱施設、脱学校、脱病院の共生（Convivial）を提唱し、近年、フランスや日本の研究者たちの間では共生主義（Convivialism）が改めて提起され、その際、脱成長もあわせて提案されている。

また、国連の次の宣言に関わる文言にも注目すべきであろう。

「ある社会がその構成員のいくらかの人々を締め出すような場合、それは弱くもろい社会である」（世界行動計画）

「私たちは世界を変える」「だれも置き去りにしない社会を実現する」（ＳＤＧｓ「持続可能な開発のための二〇三〇アジェンダ」）

ここで幾分物言いが変わってしまうが、「コロナ恐慌」について一言付け加えておきたい。四月時点では、「コロナ恐慌」という言葉が私の脳裏をよぎった。というのも、リーマンショックと比較してコロナ「ショック」という言い方がされていたからであるが、確かにその時点ではまだ今後の見通しが不透明な状況下にあったからで、この先どうなるかはなかなか見通しがつかなかった。ところが、私にとっては何となく漠然とした「コロナ恐慌」という文言が脳裏をかすめた。

それは直観である。私の不吉な直観である。心配しすぎであろうか。

もしそうなったら、まさに「コロナ恐慌」が、リーマン「ショック」を超えて一九二九年の世界恐慌に匹敵すると考えたからに他ならない。経済指標を正確に分析することなく、それはただ直観に過ぎないのであるが――。パンデミックがどうなるかである。

但し、先の世界恐慌とは残念ながら明らかに違う。一九二九年の世界恐慌は、アメリカの農業恐慌がその原因であるとする説もあるが、しかしニューヨークダウの暴落から始まったことは確かである。

ここで問題にすべきは、先の世界恐慌が「コロナ恐慌」とは異なり、純粋に経済金融の原因から恐慌が始まったということである。しかしながら、「コロナ恐慌」はそこが明確に異なる。結論から先に言えば、ケインズの『雇用、利子および貨幣の一般理論』である。しばしば取り上げられる有名な事例では、穴をスコップで掘ってその砂をまたそこに埋めるという仕事、そのための経済労働政策である。財政出動による公共事業の創出であり、ひいては雇用労働政策でもある。ルーズベルト大統領のニューディール政策である。政策の対処の仕方があるといえる。

ところがこれに対して、新型コロナウイルス「恐慌」はそうはいかない。そもそも人が一か所に集まること、ソーシャルディスタンスの問題があるからである。穴を掘るために人が集まることができない。生産及び消費の局面がとりあえず従来通りにはいかない。テレワーク、オンライン、リモート会議、あるいはテイクアウト、デリバリーなど、当面はシステムの変更によって乗り越えるしか方法はないであろう。

未来社会がどう変わるのか、あるいはどこまで変わらないで済むのか。支配・管理する側にとって都合の良いように変わるのか、変えられてしまうのか、それとも私たちの側から未来社会を創り出すことができるのかである。ただ当面は従来通りにはいかないことだけは確かである。

注意深く見守らなければならないのは、コロナだから、コロナのせいだから、コロナ対策だからという理由付けである。これに乗じて、なんでもコロナのせいにしてしまってよいのかということである。いずれにせよ、新型コロナウイルスと、かつての二大階級闘争史観を考え直す時である。

終考　再び障害社会科学の視座へ

「多様な」という言葉が政府をはじめその他各方面から昨今特に使われるようになり、それによってあたかもそれが全てを包摂したかのように誤解されて、寛容性が重視されているかのように錯覚させられている。この主張者たちがまるで神仏にでもなったかのように、上から目線でこの言葉を使っている。だが、この場合の「多様な」「多様性」とは、自助努力、自己責任の、能力主義の温床になりかねないといわざるをえない。これを、市場原理主義の形式的平等、等価交換論にあてはめて人間の価値評価及びその世界観を論じているに過ぎない。その欺瞞性を暴く。

結論を先にいえば、欺瞞的な「多様な」とか「多様性」は、実は差別と格差を覆い隠すための偽善的な論理のすり替えであって、しかも分離と分断をまさに正当化・合理化するための言い換えにしかすぎない。つまり、分離と分断、格差と不当な差異を偽善的に隠蔽するなにものでも他ならない。多様性の名の下に受けた差別、その差別を受けた者でしかその多様性の欺瞞は見抜けない。

たとえば多様性と専門性の名の下での障害児の分離教育、多様な生活の場としての収容・入所施設、多様な働き方としての非正規労働者の不安定雇用体系、そして多様なステイホームのソファーに座って愛犬を抱く過ごし方など、まさしく多様性に余念はない。多様性とは、欺瞞や偽善とは違って、それは一緒の教室、身近な地域社会のなかの諸個人の生活、絶対失業率ではなく安定した雇用のなかの個性的自己実現の働き方、そして明日をもしれないコロナ難民のためのあたたかい安心したステイホームの居場所づくりの保障である。

能力主義や格差を合理化・正当化・常識化しない「一緒」の空間、その世界観のなかでの一人ひとりの個性の発揮と尊重、その尊厳である。たとえば次のような事例があてはまる。

同じテーブルで一緒にパンを食べる人、ご飯を食べる人、ラーメンを食べる人、なにも食べたくない人それぞれ、それは与えられた選択肢のなかの自由の自由である。主体的自由である。ところがこれに反して同じ空間のなかでも、二千円のステーキを食べるテーブル、千五百円のお寿司を食べるテーブル、千円のトンカツ定食を食べるテーブル、五百円の弁当を食べるテーブル、そして食べるものが何もないテーブル。平等、能力主義、多様性、バンザイ？

多様性とはなにか。本来のあるべき多様性とはなにか。自らの能力と個性を物質的諸条件の実践的平等の、人間的平等のなかで、時には人間的不平等のなかで、それぞれに見合って発揮し、享受し、それを相互に確認して尊重しあいながら共生し、だがその上でより優れた者に対しては名誉と尊敬を付与するものとする。名誉ある平等である。それは決して機械的な平等論ではない。類としての高次の人間存在のみが知り得る平等である。

資本主義的な、あるいは国家社会主義的な名誉と尊敬とは明らかに違う。それは、従来の能力主義とは全く異なる能力奉仕主義という新たな概念であるといってよかろう。まだ私たちが一度も経験したことのない人間的平等、もしくは人間が人間として許しあえる最高の不平等、不等価交換の世界かもしれない。それこそが、「障害社会科学」である。

社会科学に依拠し、社会科学に基づけばだからこそ、本来のあるべき「自由」を自由に作り替えることが必然の桎梏から自由へ、「自由の王国」である。

それを障害社会科学の視座から本質を問えば、社会的障壁の除去、バリアフリー論に留まることはできない。なぜなら、社会モデルの障害学は、無意識のうちに健常者には社会的障壁もバリアーもなく、あたかも自由人に措定しているからである。つまり障害学が、障害の「属性」論とそこから派生する社会的諸問題に限定しているとも言い換えることができる。しかしながら、障害社会科学はそうではない。障害者にとっての、障害者の側からの、障害者固有の社会的障壁、バリアー論、つまり健常者もまた自由ではなく、社会的障壁やバリアーから自由な存在では決してありえない。だがいつの間にか無意識のうちに、「自由な」健常者を措定して社会的障壁、バリアー論を論じてしまい、結果、健常者並みになろうとする学問と実践に陥ってしまうことになりかねない。

これに対し、障害社会科学の視座からは健常者もまた健常者のままではいられない、すなわち、健常者も現代資本主義のなかでは決して自由でもなく、社会的障壁もバリアーもなくというわけにはいかないからである。障害者問題は健常者問題である。

障害社会科学は、障害者と健常者が共に「否定の否定」の弁証法によって類としての高次の人間存在になるための学である。

〔謝意〕

本書を出版するにあたって、社会評論社の松田健二社長の度々のご理解と本間一弥氏に心より感謝申し上げる。あわせて、季刊『福祉労働』からの掲載に承諾をいただいた菊地泰博現代書館社長にも感謝申し上げたい。また、データの入力等で手を煩わせた大沢美代、堀美恵子、朗読ボランティア朝笛の皆さん等に感謝申し上げたい。

二〇二〇年八月

堀　利和

○著者略歴

堀　利和（ほりとしかず）

小学校４年生の時、清水小学校から静岡盲学校小学部に転校、東京教育大学附属盲学校高等部、明治学院大学、日本社会事業学校卒。
参議院議員二期（社会党、民主党）。立教大学兼任講師。
現在、特定非営利活動法人共同連顧問。季刊『福祉労働』編集長。
〈著書〉
詩集『相剋』（1974 年）
『障害者と職業選択』共著　三一書房（1979 年）
『生きざま政治のネットワーク』編著　現代書館（1995 年）
『共生社会論―障がい者が解く「共生の遺伝子」説―』現代書館（2011 年）
『はじめての障害者問題―社会が変われば「障害」も変わる―』現代書館（2013 年）
『障害者が労働力商品を止揚したいわけ　―きらない わけない ともにはたらく―』社会評論社（2015 年）
『アソシエーションの政治・経済学―人間学としての障害者問題と社会システム―』社会評論社（2016 年）
『私たちの津久井やまゆり園事件　障害者とともに〈共生社会〉の明日へ』社会評論社（2017 年）
『障害者から「共民社会」のイマジン』社会評論社（2018 年）
『私たちは津久井やまゆり園事件の「何」を裁くべきか　美帆さん智子さんと、甲 Z さんを世の光に！』社会評論社（2020 年）

障害社会科学の視座
障害者と健常者が共に、類としての人間存在へ

2020 年 9 月 10 日　初版第 1 刷発行

著　者――――堀　利和
装　幀――――中野多恵子
発行人――――松田健二
発行所――――株式会社 社会評論社
東京都文京区本郷 2-3-10
電話：03-3814-3861　Fax：03-3818-2808
http://www.shahyo.com
組　版――――Luna エディット .LLC
印刷・製本―倉敷印刷 株式会社